J. DAUTREMER

LE PREMIER LIVRE DE JAPONAIS

PREMIÈRE PARTIE

3 fr 50

Garnier Frères

Le Premier Livre de Japonais

Le Premier Livre de Japonais

Par

JOSEPH DAUTREMER

Consul de France
Professeur à l'École des Langues orientales

PREMIÈRE PARTIE

LANGUE PARLÉE
GRAMMAIRE — EXERCICES
DIALOGUES

PARIS

GARNIER FRÈRES, LIBRAIRES-ÉDITEURS

6, rue des Saints-Pères, 6

1916

AVANT-PROPOS

La langue japonaise est fort probablement la langue la plus difficile de toutes les langues humaines connues; les premiers Portugais, débarqués au Japon, l'avaient appelée *a lingua dos demonhos:* la langue des démons. J'ai donc pensé que, pour des commençants, il fallait faire simple et c'est pourquoi j'ai essayé de composer ce premier livre. Je n'ai pas la prétention d'avoir fait parfait; j'espère avoir fait utile. D'ailleurs, toute œuvre humaine n'est jamais *ne varietur ;* et, bien au contraire, elle est toujours sujette à révision.

La langue japonaise, pour nous Français, est excessivement facile à prononcer. Comme la nôtre, en effet, elle n'a pas d'accent, ou plutôt elle a l'accent sur la dernière syllabe :

Prin*temps*,	**Ha*ru* :**
Hi*ver*,	**Fu*yu* ;**
Aut*omne*,	**A*ki* ;**
Été,	**Nat*su*.**

De ce côté donc, pas la moindre difficulté. Par

contre, en tant que langue, elle est très difficile, plus difficile que le chinois, parce qu'elle est plus compliquée. On peut dire qu'il existe, en japonais, deux langues ; l'une, la primitive, parlée par les ancêtres conquérants, le *Yamato no Kotoba* ou langue japonaise pure ; l'autre, le *Kango* (*Sina no Kotoba*) ou langue chinoise en japonais, que nous appelons le sino-japonais. Les deux langues, aussi bien dans la conversation que dans l'écriture, se combinent ensemble, d'où la difficulté. Et, plus le Japon s'assimile la civilisation occidentale, plus il est forcé d'user du sino-japonais ; car, pour tous les termes modernes, il ne trouve pas d'expression dans son propre fonds et il est obligé de les emprunter au chinois :

Électricité = *Den ki* (chinois : *tien ki*) ;
Vapeur = *Jo ki* (chinois : *tcheng ki*).

Le système de transcription adopté généralement par les japonisants de tous les pays est celui-ci :

a, *e*, *i*, *o*, se prononcent comme en français.

u, toujours comme *ou*, le plus souvent très faiblement prononcé ; souvent élidé : *masenu* = *masen* ; *watakushi* = *watakshi*.

b, *d*, *f*, comme en français.

g, toujours dur : *gi* = *gui* ; *ge* = *gue*.

h, fortement aspiré.

j, comme *dj* ou *dz*.

k, comme en français.

m, *n*, *p*, comme en français.

r, très roulé.

s, toujours dur.
t, comme en français.
z, comme en français.
w, comme en anglais.
sh, comme en anglais (souvent *s* français).
ch, comme en anglais (souvent *ts* français).
on, *an*, *en*, nasaux comme en français.
in = *inn*.

Remarque : *sh* et *ch* ne sont pas des sons proprement japonais, mais il n'y a pas moyen de représenter autrement le son japonais correspondant. Les seules langues en Europe qui représenteraient exactement ce son sont le russe avec *сь* et *ть* et le polonais avec *ś* et *ć*

Comme écriture, le Japonais emploie le caractère chinois combiné avec deux alphabets qui lui sont propres : le *kata kata* et le *hira kana*. Ce dernier a six ou sept formes différentes pour chaque lettre, mais comme c'est le plus courant, il est nécessaire de le bien posséder.

Quant aux caractères, souvent ils sont la représentation et la traduction vraie du mot japonais ; souvent ils n'en sont que la figuration et doivent être lus mais non traduits, leur sens propre différant du sens du mot japonais qu'ils figurent :

Ainsi : **tokuri** veut dire *bouteille*, et sera figuré par **toku** et **ri** dont les caractères veulent dire *vertu* et *intérêt*. Il faut donc lire **tokuri** et ne tenir compte que du son, non du sens des caractères en chinois.

Enfin souvent le caractère n'a pas en japonais le sens qu'il a en chinois. Si l'on ajoute à cela que le japonais n'est pas comme le chinois une sorte de *petit-nègre*, mais au contraire une langue très compliquée par ses formules, ses tournures, les mots complétifs, la construction de ses phrases ; que la langue parlée, la langue écrite, le style diplomatique, le style épistolaire, le style des livres diffèrent, on comprendra pourquoi les Portugais l'appelèrent « la langue des démons ».

PREMIÈRE LEÇON

Watakushi, *je, moi.*

Anata, *vous* (sing.).

Omaye, *toi* (vulg.).

Motsu, *avoir, posséder.*

Wa (marque du nominatif).

Ga, — —

Mochi masu, présent indicatif de **motsu** : Watakushi wa **mochi masu**, *j'ai.* Omaye ga **mochi masu**, *tu as.*

Hon, *livre.*

Fude, *pinceau.*

Wo (marque de l'accusatif) :

Watakushi wa hon **wo** mochi masu, *j'ai le livre.*

Omaye wa fude **wo** mochi masu, *tu as le pinceau.*

Watakushi wa hon **wo** mochi masu ka, *ai-je le livre ?*

Omaye ga fude **wo** mochi masu ka, *as-tu le pinceau ?*

Règle. — Pour traduire l'interrogation, on place la particule **ka** à la fin de la phrase.

Mochi masen (prés. ind. avec négation) :

Watakushi wa hon wo **mochi masen**, *je n'ai pas le livre.* Omaye wa fude wo **mochi masen**, *tu n'as pas le pinceau,*

Remarque : on peut écrire *masen* ou *masenu* ; mais on prononce toujours **masène.**

To, conjonction *et :* Omaye wa hon **to** fude wo mochi masu ka, *as-tu le livre et le pinceau ?*

Remarque : La conjonction **to**, en japonais, se met toujours après le substantif, et, dans une énumération elle se répète après chaque mot. Mais cette conjonction ne sert jamais à relier deux membres de phrase. Par exemple : j'ai le jardin *et* je n'ai pas le cheval : dans cette phrase et celles analogues, il faut tourner et dire : quoique j'aie le jardin je n'ai pas le cheval. **To**, *et*, ne sert qu'à relier deux substantifs, adjectifs ou pronoms. — Dans la phrase ci-dessus, *quoique* se traduit par **ga** ou **kérédomo** qui se met après le verbe. Ex. : *je le jardin ai quoique, le cheval n'ai pas.* Watakushi wa niwa wo mochi masu **kérédomo**, uma wo mochi masen.

Kagi, *clef.* — Niwa, *jardin.* — Hatake, *potager.* — Inu, *chien.* — Uma, *cheval.* — To, *porte.* — Usagi uma, *âne.*

Sayo *ou* hei (avec affirmation) : *oui.*

Iyé, iya *ou* hei (avec négation) : *non.*

EXERCICE

Ai-je la clef ? — Tu n'as pas la clef. — As-tu le cheval et le mulet ? — Je n'ai pas le cheval ; j'ai le mulet et le chien. — Ai-je la porte ? — Oui, tu as la porte et la clef. — Je n'ai pas le jardin et j'ai le cheval. — Ai-je le pinceau ? — Oui, tu as le pinceau. — Ai-je le livre et le pinceau ? — Tu as le livre et tu n'as pas le pinceau. — Tu as la porte et tu n'as pas la clef. — J'ai le jardin et je n'ai pas le cheval. Tu as le chien, le mulet et le cheval.

DEUXIÈME LEÇON

Ano hito, *il* } pour les personnes seulement.
Ano onna, *elle* }

Ano hito wa mochi masu, *il a.*

Ano onna wa mochi masu, *elle a.*

Nani, *quoi ? que ?*

Ano hito wa nani wo mochi masu ka, *qu'a-t-il ?*

Il n'y a pas d'article en japonais : **hito**, *l'homme, un homme* ; **onna**, *la femme, une femme*. Pour faire le pluriel, on répète le mot, soit **hito bito** (1), *les hommes* ; ou bien on emploie les mots **tachi** ou **domo**, soit **onna tachi** ou **onna domo**, *les femmes*.

Ni, uchi ni, *à* (marque du datif), *dans*.

Uyé ni, *sur*.

No, *du, de la, des* (marque du génitif).

Niwa ni nani wo mochi masu ka : *Qu'avez-vous dans le jardin ?*

Remarque : Les pronoms *je, vous*, ne se disent généralement pas dans la conversation ; on ne s'en sert que lorsqu'il faut absolument spécifier.

1. **Bito** par euphonie.

Ano hito wa uma no uye ni nani wo mochi masu ka : *Qu'a-t-il sur le cheval ?*

Hache, nata. — *Bois à brûler,* maki. — *Charbon de bois,* sumi. — *Charbon de terre,* séki tan. — *Herbe,* kusa.

Il a apporté, ano hito wa motte ki **mashita** ; **mashita**, auxiliaire du passé dans la conjugaison, comme **masu**, est l'auxiliaire du présent ; *apporte,* motté koi.

EXERCICE

Qu'as-tu sur le mulet ? — J'ai l'herbe et le charbon de bois. — Qu'a-t-il, qu'a-t-elle sur le cheval ? — Elle a la hache et le bois. — Qu'a-t-il dans le livre ? — Elle a le pinceau. — A-t-il apporté le pinceau ? — Elle a apporté le livre. — Apporte la hache. — Qu'a-t-il dans le jardin ? — Elle a un chien et un cheval. — A-t-il le charbon, le bois et l'herbe ? — Il a apporté la hache et le bois. — Qu'a-t-il apporté sur le cheval ? — Il a apporté le bois, l'herbe, le charbon et la hache. — Apporte la hache, le bois et le charbon. — J'ai le cheval et l'herbe.

TROISIÈME LEÇON

Watakushi domo, *nous.*

Anata gata } *vous.*
Omaye tachi }

Ano hito tachi, *ils.*

Donata } *qui ? lequel ? laquelle ?*
Dare }

Dono }
Donna } *quoi ? lequel ?*
Doré }

Toru, *prendre ;* tori mashita, *j'ai pris ;* totté, *ayant pris ;* toré, *prends.*

Dono hon wo ano hito wa tori mashita ka : *quel livre a-t-il pris ?*

Donna fude wo mochi masu ka : *quel pinceau avez-vous ?*

Hito no kodomo no fude wo mochi masu (m à m) : *j'ai le pinceau de l'enfant de l'homme.*

Niwa no to : *la porte du jardin.*

Niwa no to no kagi : *la clef de la porte du jardin.*

Couteau, hōchō ; *pain,* pan ; *viande,* niku ; *paille,*

wara ; *garçon*, otoko no ko ; *fille*, onna no ko ; *enfant*, ko ; *enfants*, kodomo.

Remarque : *Du, de la, des*, particule génitive, se rend, ainsi que nous l'avons déjà vu par **no**. — *Du, de la, des*, indéfinis, ne se rendent pas en japonais. Ainsi : « le pain de l'enfant » se rendra par : **ko no pan** ; mais : « donnez-moi du pain », se traduira simplement par : donnez-moi pain.

EXERCICE

Le pain de l'enfant. — Le couteau du garçon. — La paille du cheval. — Le bois de l'homme. — La clef de la porte du jardin. — La porte du jardin de l'enfant de l'homme. — Qu'ont-ils? — Ils ont le pain. — Ont-ils le pain? — Non, ils n'ont pas le pain. — Avons-nous de la viande? — Nous n'avons pas de viande. — Le mulet et le cheval ont-ils de l'herbe? — Ils n'ont pas d'herbe ; ils ont de la paille. — Quelle paille ont-ils? — Ils ont la paille du jardin de l'homme. — Quelle paille a-t-il apportée? — Quelle herbe a-t-il prise? — Prends la paille du cheval. — Qu'a l'homme? — Il a le couteau de l'enfant. — Qu'a l'enfant? — Il a la clef de la porte. — A-t-il pris la clef? — Quelle clef a-t-il prise? — Il a pris la clef de la porte du jardin. — Apporte la clef de la porte du jardin de l'enfant.

QUATRIÈME LEÇON

Il n'y a pas de genres en japonais ; seulement pour distinguer les mâles et les femelles, on se sert de deux termes : **o**, pour les mâles ; **me**, pour les femelles, que l'on met avant le substantif. Ainsi :

Ushi, *bœuf* ; **o** ushi, *taureau* ; **me** ushi, *vache* ; uma, *cheval* ; **o** uma, *étalon* ; **me** uma, *jument* ; neko, *chat* ; **o** neko, *matou* : **me** neko, *chatte*.

Me neko **ka** me uma wo mochi masu ka : *Avez-vous une chatte ou une jument ?*

Me neko mo me uma **mo** mochi masenu : *Je n'ai ni chatte ni jument.*

Ka, ya arui wa *ou, ou bien.*

Mo mo, répété, suivi du verbe négatif, se traduit par *ni... ni...*

Pronoms démonstratifs.

Koré, *celui-ci, celle-ci, ceci* ;
Soré, *celui-là, celle-là, cela* ;
Aré, *celui-là*, etc... (pour les choses) ;

Karé, *celui-là*, etc... (pour les personnes et pour les choses).

Pour former le pluriel, on ajoute simplement la particule suffixe **ra**. — Ex. : *kore* **ra**, *kare* **ra**, etc...

Dono inu wo mochi masu ka : *quel chien avez-vous ?*

Kore wo mochi masu keredomo **are** wo mochi masenu : *j'ai celui-ci et je n'ai pas celui-là.*

Adjectifs démonstratifs.

Ils sont indéclinables, et gardent leur forme primitive soit au singulier soit au pluriel :

Kono, *ce, cette, ces, ceci, celui-ci, celle-ci ;*

Sono, *celui, celle* dont on parle, dont il est question ;

Ano, *celui-là, celle-là, cela.*

Kono inu, *ce chien-ci ;*

Sono meneko, *cette chatte en question ;*

Ano ushi, *ce bœuf-là.*

Fille, musume. — *Sœur aînée*, ane. — *Sœur cadette*, imoto. — *Mère*, haha ; *maman* (dans la bouche des enfants), o'kka san, dérivé de : o haha sama ; mot à mot : *madame ma noble maman.* — *Père*, chichi. — *Papa*, o tot' san, dérivé de : o toto sama ; **toto** égale **chichi**. — *Frère aîné*, ani. — *Frère cadet*, otōto.

EXERCICE

Ce livre. — Cette clef-ci. — Ce jardin-là. — Ces enfants en question. — Cette fille-ci a (un) pinceau. — Cette femme et ce garçon ont-ils du pain ? — Quelle chatte a-t-elle apportée ? — Elle a apporté celle-ci (et) n'a pas apporté celle-là.

CINQUIÈME LEÇON

Il n'existe pas, en japonais, de pronoms ni d'adjectifs possessifs; on supplée à leur défaut à l'aide de la particule génitive **no**, que l'on joint aux pronoms personnels. Ainsi :

Watakushino inu, *mon chien* (de moi le chien);
Anata **no** inu, *votre chien ;*
O maye **no** inu, *ton chien ;*
Ana hito **no** inu, *son chien à lui ;*
Ano onna **no** inu, *son chien à elle ;* et ainsi de suite.
Il en est de même de : *le mien, le tien*, etc.

Quand on parle à une personne avec un sentiment de déférence ou de respect, on n'emploie jamais le possessif : votre, *anata no*, mais bien la particule honorifique **o** noble. Ainsi :

Votre chien, **o** inu ; *votre maison*, **o** taku; le « noble chien », la « noble maison », c'est-à-dire *la vôtre*.

Par contre, en parlant de choses appartenant à soi, on se servira de termes méprisants pour remplacer le pronom personnel et on dira : l' « ignoble chien », l' « affreuse baraque », c'est-à-dire : *mon chien, ma maison* : = hei ken, sen taku.

Aru, *être*.

Watakushiwa aru, *je suis* (forme vulgaire);

Watakushiwa ari masu, *je suis* (forme polie) ;

Watakushiwa gozai masu (gozari masu), *je suis* (forme très polie);

Remarque : Ce verbe s'emploie toujours dans le sens d'*avoir* quand ce dernier n'a pas le sens possessif, par exemple dans : *il y a*.

Niwa ni inu ga ari masu : *Il y a un chien dans le jardin.*

Uchi ni neko ga ari masu : *Il y a un chat dans la maison.*

Nai, *ne suis pas, n'est pas, n'être pas* (vulgaire) ;

Ari masenu, *ne suis pas, n'est pas,* etc. (forme polie) ;

Gozai masenu, *ne suis pas, n'est pas,* etc. (forme très polie).

Maison, iyé. — *Maison* (intérieur), uchi. — *Chambre*, heya. — *Lait*, chichi. — *Eau*, midzu. — *Vin*, bu do shu. — *Devant*, maye ni. — *Ensemble, avec*, to isshōni. — *Avec, au moyen de*, de. — *Jusqu'à*, made. — *Rien*, nani mo (avec le verbe négatif). — *Pourquoi*, naze.

Nani mo nai, *il n'y a rien* (vulgaire) ;

Nani mo ari masenu, *il n'y a rien* (forme polie).

EXERCICE

Nani wo niwa nimochi masu ka. — Nani ga uchi ni ari masu ka. — Uchi ni inu ga ari masu. — Watakushi no inu wo mochi masu ka. — Iya o inu ga ari masu. — Ano hito no budōshu wo motte koi. — Midzu wo tore. — Anata no maye ni umaga ki mashita. — Ano onna no heya ni neko ga ari masu. — Watakushi no otoko no ko wa ano hito no niwa ni uma to inu to neko wo motte ki mashita. — Anata to issho ni aru ka. — Nani mo nai ka. — Iye made inu wo motte ki mashita. — Chichi to midzu to bu dō shu ga gozai masu ka.

SIXIÈME LEÇON

Aru { *verbe* **être**. / *verbe* **avoir**. }

Aru (vulgaire).	Arō.
Ari masu (poli).	Ari mashō.
Je suis.	*Je serai.*
J'ai.	*J'aurai.*
Atta.	Atte.
Ari mashita.	Ari mashite.
J'étais.	*Étant.*
J'avais.	*Ayant.*

Nai { *n'être pas.* / *n'avoir pas.* }

Nai (vulgaire).	Nakarō.
Ari mesenu (poli).	Ari masumai.
Je ne suis pas.	*Je ne serai pas.*
Je n'ai pas.	*Je n'aurai pas.*
Nakatta.	Nakutte.
Ari masenanda (ou mieux): masenu de shita.	Ari masenande (ou mieux): masenu de shite.
Je n'étais pas.	*N'étant pas.*
Je n'avais pas.	*N'ayant pas.*

Ce verbe a le sens de notre verbe *être*, et, en même temps, celui de notre verbe *avoir* lorsqu'il n'a pas le sens possessif. Ainsi :

Aru ka nai **ka** wakari masenu, signifie : *je ne sais pas s'il est ou non ;* ou bien : *je ne sais pas s'il a ou non.* — Ari mashita ka : *étiez-vous* ou *aviez-vous ?*

Notre verbe *avoir*, par suite, toutes les fois qu'il ne marque pas l'idée de possession, doit être rendu par **aru**.

Ex. : *Qu'as-tu dans la tasse ?* Anata wa wan ni nani ari masu ka.

Dans le cas de possession, on emploiera le verbe **motsu**.

Ex. : *Combien de chiens avez-vous ?* Inu wo ikutsu mochi masu ka.

Il est facile de se rendre compte que la conjugaison japonaise est fort simple ; le verbe ne change pas sa terminaison suivant les personnes, mais reste invariable ; c'est le pronom placé devant qui fait connaître à quelle personne le verbe est employé.

Il suffit donc de savoir que, pour la forme vulgaire :

u est la terminaison *présente ;*
ta — *passée ;*
ô — *future ;*
te — *du participe.*

Comme dans : ar **u**, at **ta**, ar**o** , at **te**.

Et, pour la forme polie ;

masu auxiliaire du		*présent ;*
mashita	—	*passé :*
masho	—	*futur :*
mashite	—	*participe :*

Comme dans : ari **masu**, ari **mashita**, ari **masho**, ari **mashite**.

Tous les verbes se conjuguent d'après ce principe. Voici quelques exemples :

Miru, *voir*.

Miru, *présent ;*	mirō *futur* (1) :
Mi masu.	mi masho,
Mi ta, *passé ;*	mite, *participe*,
Mi mashita.	mi mashite.

Butsu, *frapper*.

Butsu, *présent :*	buto, *futur ;*
Buchi masu,	buchi masho,
Butta, *passé :*	butte, *participe ;*
Buchi mashita.	buchi mashite.

La forme négative se construit : pour la forme vulgaire, avec **nai** que nous venons de voir précédemment :

Ex. : Mi nai, *présent :* mi nakatta, *passé :* mi nakaro, *futur ;* mi nakutte, *participe*. — Pour la forme polie, avec l'auxiliaire **masenu** que nous avons également vu :

Ex. : Ninau, *porter ;* ninai masenu, *présent :* ninai

(1) Dans la conversation en langue vulgaire, le futur du verbe fait aussi **yō**. Ainsi *miru* (voir), *miyō* ; *taberu* (manger), *tabeyo* ; *okiru* (se lever), *okiyō*, etc.

masenu deshita, *passé ;* ninai masu mai, *futur ;* ninai masenu deshite, *participe.*

Parce que, kara ; ni yotte ; yuye ni. — *Déjeuner*, chō han. — *Verre*, koppu. — *Tasse*, wan. — *Cuiller*, saji. — *Sucre*, satō. — *Café*, kahe. — *Derrière*, ura ni ; ushirō ni. — *Personne*, *aucun*, darémo ; dona ta demo ; donna demo (avec le verbe négatif).

EXERCICE

Qu'as-tu dans la tasse ? — As-tu du café ou du lait ? — Je n'ai ni café ni lait ; j'ai de l'eau et du sucre. — Qu'avez-vous dans votre verre ? — Nous avons du vin et de l'eau. — Son père a-t-il du lait dans sa tasse ? — Cet homme m'a vu. — Quel homme t'a vu ? — Mon père t'a vu. — Son frère l'a vu. — Leur frère les a vus. — Il ne nous a pas vus. — Qui l'a vu ? — Personne ne l'a vu. — T'a-t-il frappé ? — Oui, il m'a frappé. — Pourquoi t'a-t-il frappé ? — Parce qu'il m'a vu dans son jardin. — Il l'a pris. — Qui a pris les livres ? — Personne ne les a pris. — Avez-vous ma cuiller ? — Qu'as-tu apporté dans la chambre de cette femme ? — J'ai apporté le chat et j'ai pris le chien.

SEPTIÈME LEÇON

Conjugaison japonaise.

Les verbes japonais peuvent se ramener à trois formes : ceux en **iru** comme **miru**, *voir* ; ceux en **eru** comme **taberu**, *manger* ; ceux en **u** comme **konomu**, *aimer* ; **yobu**, *appeler* ; **kiku**, *entendre*, etc. — Il n'y a pas en japonais d'infinitif ; il y a une forme verbale de présent indicatif qui se transforme au passé, au futur, au participe. **Miru**, *je vois, tu vois, nous voyons*, etc., fait au passé **mita**, *j'ai vu, tu as vu*, etc., au futur **miro** ou **miyo**, au participe **mite**. Nous pouvons le traduire par notre infinitif si nous voulons, pour plus de commodité, mais ce n'est pas un infinitif. — Pour se conjuguer avec l'auxiliaire de politesse **masu, masen**, le verbe japonais se décompose : dans les verbes en **iru**, **eru**, on laisse tomber la terminaison **ru**, et on a ainsi ce que j'appellerai un radical : **mi**, **tabe** qui joint à l'auxiliaire fait **mi masu**, **tabe masu** : *je vois, je mange*, etc. Dans les verbes en **u**, on change l'**u** en **i** : *konomu*, *konomi* ; *yobu*, *yobi*, donc : *Konomi masu, yobi masu : J'aime, j'appelle*, etc.

1° — Voie active.

PRÉSENT	PASSÉ	FUTUR	PARTICIPE
	Taberu, *manger*. **Konomu**, *aimer*.		
taberu (vulg.) tabe masu ; konomu konomi masu.	tabeta tabe mashita ; kononda konomi mashita.	taberō tabe mashō ; konomō konomi mashō.	tabete tabe mashite ; kononde konomi mashite.
	Tabenu, *ne pas manger*. **Konomanu** (1), *ne pas aimer*.		
tabenu (vulg.) tabe masenu ; konomanu konomi masenu.	tabenakatta tabe masenu de shita ; konomanakatta konomi masenu de shita.	taberu mai tabe masu mai ; konomu mai konomi masu mai.	tabe nakutte tabe masenu de shite ; konomana kutte konomi masenu de shite.

(1) **Miru**, *voir*, se conjugue de même : *miru*, *mita*, etc. ; *mi masu*, *mi mashita*, etc.

IMPÉRATIF

Tabe, *mange;* o tabe nasai, *veuillez manger;* taberō, *mangeons.*

Konome, *aime:* o konomi nasai, *veuillez aimer;* konomō, *aimons.*

2° — Voie passive.

PRÉSENT	PASSÉ	FUTUR	PARTICIPE
	Taberareru, *être mangé.* **Konomareru**, *être aimé.* **Mirareru**, *être vu.*		
taberareru taberare masu ; konomareru konomare masu.	taberareta taberare mashita ; konomareta konomare mashita.	taberarerō taberare mashō ; konomarerō konomare mashō.	taberarete taberare mashite ; konomarete konomare mashite.
	Taberarenu, *ne pas être mangé.* **Konomarenu**, *ne pas être aimé.*		
taberare nu taberare masenu ; konomarenu konomare masenu.	taberare nakatta taberare masenu de shita ; konomare nakatta konomare masenu de shita.	taberareru mai taberare masu mai ; konomareru mai konomare masu mai.	taberare nakutte taberare masenu de shite ; konomare nakutte konomare masenu de shite.

La conjugaison japonaise est tout entière renfermée dans ces modes et ces temps. Les autres modes français, conditionnel, subjonctif, se forment à l'aide de *post-positions* jointes aux temps de l'indicatif. Nous en verrons l'application au fur et à mesure que nous avancerons.

Le passif se forme, comme on l'a vu par le précédent tableau, en changeant **i** en **are** : **konomi**, **konomare**, dans les verbes dont le radical est en **i**; dans ceux en **eru** comme **taberu**, *manger*, ou en **iru**, comme **miru**, *voir*, on ajoute **are** au radical : **taberare**, **mirare** (**r** est euphonique, on ne peut dire **tabeare** ni **miare**).

Il existe, en japonais, des verbes composés du verbe **suru**, *faire*, et de noms ou d'adjectifs.

Ai suru, *aimer* (mot à mot : *faire amour*).

Ben kiyo suru, *travailler* (mot à mot : *faire travail*).

Quand les verbes en **i** sont conjugués avec la forme vulgaire **nai**, **nakatta**, etc., ils changent l'**i** en **a** : **konomi masu**: **konoma nai**, etc.

Tous les verbes japonais peuvent être rendus causatifs par l'adjonction de l'auxiliaire **saseru**, *faire faire*, pour les verbes en **e**, et par le simple changement de **i** en **ase** pour les verbes en **i** :

Konomu,	konomi masu,	konomase masu.
Aimer,	*j'aime,*	*je fais aimer.*
Taberu,	tabe masu,	tabe sase masu.
Manger,	*je mange.*	*je fais manger.*

Koshirayeru, koshiraye masu,
Fabriquer, *je fabrique.*
koshiraye sase masu.
je fais fabriquer.

Tous les verbes japonais peuvent être rendus désidératifs par l'adjonction de la particule **tai**, pour le verbe simple ; **to** ou **taku** pour le verbe conjugué avec **ari masu** ou **gozai masu** :

Konomu,	konomitai,
Aimer,	*je désire aimer.*
Konomitō gozai masu,	konomitaku nai.
Je désire aimer,	*je ne désire pas aimer.*
Toru,	tori tai.
Prendre,	*je désire prendre.*
Toritō gozai masu,	toritaku nai.
Je désire prendre,	*je ne désire pas prendre.*

Tous les verbes japonais peuvent être rendus potentiels ; ceux en **i**, en changeant **i** en **e** :

Konomi masu,	konome masu.
J'aime,	*je puis aimer.*
Kai masu,	kae masu.
J'achète,	*je puis acheter.*

Ceux en e, en prenant tout simplement la forme passive :

Tabe masu,	taberare masu.
Je mange,	*je puis manger.*
Ne masu,	nerare masu.
Je dors,	*je puis dormir.*

Les autres verbes peuvent, d'ailleurs, prendre aussi la forme passive pour exprimer le potentiel.

Remarque : Les verbes dont le radical est en **e** sont très réguliers et la conjugaison en est fort simple. Ceux en **mi**, **bi**, **ni**, comme **konomi**, **yobi**, **shini**, bien que ne présentant aucune irrégularité proprement dite, présentent cependant une petite particularité au passé défini; c'est qu'au lieu de **konomita**, **yobita**, **shinita**, on dit en contractant, **kononda**, **yonda**, **shinda**, et, au participe : **kononde**, **yonde**, **shinde**.

Quelques verbes en **ki** laissent tomber le **k** au passé ; tels sont **kiku**, *entendre* : **kiita**, **kiité** pour **kikita**, **kikite** ; **yaku**, *brûler* : **yaita**, **yaite**. L'usage apprendra les autres.

Les verbes en **chi**, comme **buchi**, *battre* (de **butsu**), **tachi**, *être debout* (de **tatsu**), redoublent le **t** et suppriment le **shi** :

Butsu, buchi, butta, butte.
Tatsu, tachi, tatta, tatte.

Ceux en **ri** font de même en redoublant le **t** :

Torn, tori, totta, totte.

Les verbes en **iru** comme **miru**, *voir*, **ochiru**, *tomber*, sont des plus réguliers, puisqu'il suffit de retrancher la finale **ru** pour avoir le radical et former tous les temps de la façon normale.

Il n'y a pas, en japonais, de verbes impersonnels comme en français pour dire : *il pleut*, *il tonne*, *il neige*. Il est nécessaire de dire : *la pluie tombe*, *la neige tombe*, *le tonnerre gronde* :

Ame ga furi masu, *il pleut* :
Yuki ga furi masu, *il neige* :
Kaminari ga nari masu, *il tonne*.

Pour rendre le verbe pronominal, il suffit d'ajouter aï, **au**, *se joindre, se rencontrer ensemble*, comme préfixe ai, ou comme suffixe **au** du verbe actif :

Hanashi au, *se parler* ;
Hore au, *s'aimer* ;
Ai tatakau, *se battre.*

Pour rendre les verbes **réfléchis**, on emploie :

Midzukara Ji Jibun	*soi-même.*

Remarque I : Il existe en japonais, comme dans toutes les langues des verbes **irréguliers** ; par exemple :

Ki, kiru, kita, *vêtir ;*
Ki, kuru, kita, *venir ;*
Shini, shinuru, shinda : *mourir.*

L'usage les apprendra mieux que n'importe quel tableau, d'autant plus qu'il ne diffèrent pas des autres pour la conjugaison, mais seulement pour la formation du radical décliné avec l'auxiliaire **masu** :

Kiru, ki, ki, masu.
Kuru, ki, ki masu, etc.

Remarque II : Certains verbes en **eru** dans la forme active deviennent passifs ou intransitifs en changeant **eru** en **aru**. Tels sont **sadameru**, *fixer ;* **hajimeru**, *commencer ;* **osameru**, *régler, gouverner.*

Yakujō wo sadameru, *fixer, établir un contrat ;*
Nichigen ga sadamaru, *le jour est fixé ;*
Fushin wo hajimeru, *commencer une construction ;*
Fushin ga hajimaru, *la construction commence,* et ainsi de suite.

L'usage seul apprendra quels sont les verbes qui peuvent ainsi se transformer.

EXERCICE

Le chien a été frappé. — L'homme aime le chien. — Le chat n'aime pas le chien. — La femme et la fille ont été frappées. — La maison a été prise. — Je puis dormir. — Le frère aîné désire acheter le jardin. — Mon père fera fabriquer un verre et une tasse. — J'ai apporté ce chat et je désire prendre cette clef. — Le bois à brûler a été pris. — Prends la hache et tu feras manger l'enfant. — La mère fait dormir la fille. — Il peut acheter ce livre. — Nous pouvons prendre ce cheval. — Le cheval peut manger l'herbe. — Mon chat a été pris et mon chien a été battu.

Et, dans ce genre de phrase, se rend par **mata** ou bien par **sōshite**. Ou bien, dans deux phrases affirmatives comme celles-ci, on peut trouver : mon chat ayant été pris, mon chien a été battu.

HUITIÈME LEÇON

Le complément du verbe passif se rend par ni. Ex. :

Hito ni kikareta, *il a été entendu par l'homme ;*
Watakushini torareta, *il a été pris par moi ;*
Inu wa ano hito ni butareta, *le chien a été battu par lui.*

Je vais donner, dans cette leçon, un aperçu des différentes particules **wa, no, ni, wo, de,** etc., que nous avons vues et expliquer leur emploi et leur valeur. Elles sont employées, en effet, dans des sens si différents qu'il est nécessaire de les bien connaître.

Wa, sert à désigner le nominatif, le sujet:

Watakushi *wa* tabe masu, *je mange.*

Quand il est précédé de **ni**, il signifie alors : *quant à, pour ce qui est de :*

Watakushi *ni wa, quant à moi.*

Ga, est employé également pour indiquer le nominatif d'un verbe neutre :

Ame *gà* furu, *il pleut.*

Mais il désigne aussi l'accusatif d'un verbe actif.

Chichi *ga* nomitai, *je désire boire du lait.*

Il peut être aussi employé pour désigner le génitif :

Watakushi *ga* tameni, *pour moi* (mot à mot : *à cause de moi*).

No, sert à désigner le génitif :

Watakushi *no* inu, *le chien de moi.*

Il peut servir aussi de particule adjective :

Makoto *no* kokoro. *un cœur vrai* (mot à mot : *un cœur de vérité*).

Il peut aussi se rendre par *celui qui, ceux qui :*

Dare kita *no, qui est celui qui est venu ?*

Watakushino kimono ga atarashii *no* wo kure. *Donne-moi mes habits, ceux qui sont neufs.*

Ni, sert à désigner le datif :

Watakushi *ni* kudasai, *donnez-moi* :

sert également à désigner le complément d'un verbe passif :

Hon wo ano hito *ni* yomareta, *le livre a été lu par lui.*

Enfin il sert aussi à rendre les prépositions *dedans, par, de, depuis, à cause, suivant, afin de.*

Wo, sert à désigner le complément d'un verbe actif, l'accusatif :

Inu *wo* butsu, *frapper le chien.*

Mais il sert aussi à désigner le sujet d'un verbe passif, et intransitif :

Watakushi no ashi *wo* inu ni kuitsukareta, *mon pied a été mordu par le chien.*

De, désigne l'ablatif de temps, de lieu, de manière, d'instrument :

Te *de* butsu, *frapper de la main;*
Fude *de* kaku, *écrire avec un pinceau ;*

sert également à désigner le. sujet quand il se trouve devant le verbe : aru, ari masu, gozai masu :

Inu *de* aru, *c'est le chien ;*
O taku wa kore *de* ari masu, *votre maison est celle-ci ;*
Kita hito wa watakushi *de* gozai masu (1), *celui qui est venu c'est moi.*

Ville, machi ; *capitale*, kio, miyako ; *route*, michi ; *bâton*, bō ; *sabre*, katana ; *tuer*, korosu ; *violemment, sans raison*, mu ri ni ; *fusil, arme à feu*, teppō ; *fusil de guerre*, sen ju ; *fusil de chasse*, riō ju : *poignard*, wakizashi ; *main*, te ; *pied*, ashi.

EXERCICE

Machi ni ano hito wo mi mashita ka. — Hei miyako ni mi mashita. — Kono kodomo wa bō de butare mashita. — Ano onna wa wakizashi de korosareta. — Watakushi no otōto wa inu to riō ju ga ari masu. — Anatano imo to no heya ni daremo neko wo mi masenu de shita. — Ano hito wa inu to isshōni iye no ura ni mirare mashita. — Sen ju de butareta

(1) De ari masu, de gozai masu se contractent dans la conversation journalière en desu : watakushi *desu*, anata *desu*, ano hito *desu*, etc.

keredomo korosare masenu de shita. — Muri ni kono kodomo wo buchi mashite ano hito no heya ni ne mashita. — Watakushi ga tameni hon to fude wo motte koi. — Kaminariga nari mashite amega furi mashita.

NEUVIÈME LEÇON

Do } *comment ?*
Ikaga }

Dono yō ni, *comment ? de quelle manière ?*

Itsu, *quand ?*

Nan de } *avec quoi ?*
Nani wo motte }

Daredemo, *tout le monde. chacun, quiconque.*

Maye ni, *devant.*

Saki ni, *avant.*

Doko ni, *où ?* } (sans mouvement.)
Dochira ni, *où ?* }

Doko ye, *où ?* } (avec mouvement.)
Dochira ye, *où ?* }

Ano hito wa doko ni neko wo mi mashita ka : *Où a-t-il vu le chat ?*

Anata wa dochira ye kore wo motte ki masu ka : *Où portez-vous cela ?*

Kara } *de ? de quel endroit ?*
Yori } *à partir de.*

Dochira kara } *d'où ?*
Doko yori }

Ano hito wa doko kara kono hon wo motte ki mashita ka : *D'où a-t-il apporté ce livre?*

Machi kara motte ki mashita : *Il l'a apporté de la ville.*

Nan no (pour : nani no), *de quoi.*

Nan no uchi ni motte ki mashita ka : *Dans quoi l'a-t-il apporté ?*

Remarque : Certains adverbes ne peuvent pas précéder un verbe sans être suivis immédiatement de la particule **de** : **Dō** et **ikaga** sont dans ce cas.

Go ki gen wa *do* de gozai masu ka : *Comment est votre santé ?*

Ikaga de ki mashita ka : *Comment êtes-vous venu ?*

L'usage apprendra les autres adverbes qui se trouvent dans ce cas.

EXERCICE

Cet homme a tué cette femme. — Comment l'a-t-il tuée ? — Avec quoi l'a-t-il tuée ? — Quand l'a-t-il tuée ? — Chez qui l'a-t-il tuée ? — Ce garçon vous a vus. — Où nous a-t-il vus ? — Quand vous a-t-il vus ? — Chez qui m'a-t-il vu ? — Comment t'a-t-il vu ? — Ce cheval m'a frappé. — Où t'a-t-il frappé ? — Dans quelle ville a-t-il apporté ce pain ? — Il l'a apporté dans la rue de cet homme. — Où l'a-t-il porté ? — D'où l'a-t-il apporté ?

DIXIÈME LEÇON

L'adjectif.

L'adjectif est indéclinable en japonais : masculin ou féminin, singulier ou pluriel, il est toujours le même.

Il a quatre formes en général :

Chisai Chisō Chisaki Chisaku	*petit.*	Okii Okiu, Okiki Okiku	*grand.*
Nagai Nagō Nagaki Nagaku	*long.*	Mijikai Mijikō Mijikaki Mijikaku	*court.*
Tsuyoï Tsuyō Tsuyoki Tsuyoku	*fort.*	Yowai Yowō Yowaki Yowaku	*faible.*
Yoi Yō Yoki Yoku	*bon.*	Yoroshii Yoroshiu Yoroshiki Yoroshiku	*beau.*

La forme **ō** est la contraction de **au** et de **ou** ; en japonais toutes les fois que **au** et **ou** se rencontrent dans un même mot, ils se contractent en **o** ;

La forme en **ki** sert plutôt pour la langue écrite ;

La forme en **ku** est prise adverbialement.

Nous avons donc, pour la langue parlée, les deux formes principales **i** et **u** (**ō** pour **au** et **ou**).

L'adjectif terminé en **i**, placé avant le nom, qualifie ce dernier ; placé après le nom, il est considéré comme conjugué avec le verbe *être*. Ex. :

Yoroshii hana, *la belle fleur :*
Hana yoroshii, *la fleur est belle.*

Remarque : Dans la conversation on dit souvent **ii n' desu, yoroshii' n desu** (pour **ii** *no* **desu** ; **yoroshii** *no* **desu**), *c'est bien, c'est beau*, mot à mot : *c'est du bon, c'est du beau.*

La terminaison en **o**, **u**, quelquefois **ku**, est employée quand le verbe *être* (**aru, gozaru**), est exprimé. Ex. :

Hito wa chiso gozai masu, *l'homme est petit :*
Michi wa naga*ku* ari masu, *le chemin est long.*

Dans les cas où l'adjectif manque, on le forme à l'aide du substantif suivi de la particule du génitif **no**. Ex. :

Mukashi *no* iye, *maison antique :*
Ten *no* mei, *volonté céleste.*

On forme également d'autres adjectifs avec le

verbe **aru**, quand on rend adjectifs des substantifs chinois :

Saiwai aru hito, *un homme heureux*,

et aussi, toujours dans le même cas, avec le verbe **naru**, *devenir*, qui se contracte alors en **na** :

Kon kiu *na* hito, *un homme pauvre ;*
Fu ki *na* iye, *une riche maison.*

Quelques adjectifs japonais étant tombés en désuétude ou se rendant plus facilement en chinois, on emploie des locutions en cette dernière langue : c'est ainsi que **byoki** est pris adjectivement en japonais :

Kono onna taku san byōki de ari masu, *cette femme est très malade.*

Remarque : Les adjectifs se combinent fort bien, en général, avec le verbe **aru**, aux temps futur et conditionnel :

Yokarō (pour : yoku arō),*ce sera bien :*
Nagakattara (pour nagaku attaraba), *si c'était trop long.*

Il suffit d'indiquer ces deux exemples ; l'usage seul et la pratique peuvent apprendre quels sont les adjectifs qui peuvent être employés ainsi.

ONZIÈME LEÇON

Comparatif.

Pour former le comparatif, on se sert de la particule **yori** que l'on ajoute au mot aux dépens duquel se fait la comparaison :

Musume wa hana *yori* utsukushii, *la jeune fille est plus belle que la fleur* (mot à mot : la jeune fille, *à partir de, au-dessus de* la fleur est belle).

Fujiyama wa betsu no yama *yori* takai, *le Fujiyama est plus haut que les autres montagnes* (mot à mot : *à partir de, au-dessus de* les autres montagnes).

Pour donner plus de force, on peut ajouter les mots **nao**, encore plus, et **motto**, davantage ;

Kore wa are yori *nao* yoroshii, *ceci est meilleur que cela* (bien meilleur) ;

Kono momo wa ano sakura yori *motto* yoi, *cette pêche est meilleure que cette cerise :*

Motto kudasai, *donnez-m'en davantage :*

Are *motto* ii, *ceci est plus beau.*

Superlatif.

Le superlatif se forme à l'aide de diverses particules dont on trouvera ici les plus fréquemment employées :

Ichi ban, *numéro un ;*
Motto mo, *le plus ;*
Hana hada, *extrêmement ;*
Shigoku, *au plus haut point ;*
Tai hen, *très ;*
Taku san, *beaucoup.*

Niwa no ki no uchi ni sakura no ki ga *ichi ban* takō gozai masu, *le cerisier est le plus grand des arbres du jardin ;*

Kono hito wa *motto mo* jōzu na hito de gozai masu, *cet homme est très habile.*

Amari }
Sugiru } *trop.*

Kono cha *amari* usui, *ce thé est trop léger ;*

Kono uchi wa ōki *sugiru, cette maison est trop grande.*

Ichi dō }
Hito tabi } *une fois ;*

Ippen, *une fois ;*
Mai dō, *chaque fois ;*

Aru toki... aru toki...
Tantôt... tantôt...;

Toki doki ni, *de temps en temps, quelquefois ;*
Iku tabi, *combien de fois ;*

Nandō, *combien de fois ;*
Tabi tabi, *souvent.*

EXERCICE

Votre maison est grande et elle est plus grande que la nôtre. — Combien de fois mon jardin est-il plus grand que le jardin de mon père ? — Une fois j'ai apporté à la maison une très belle tasse, plus belle que la tasse de mon frère. — Quel est le plus beau parmi (chez) les arbres ? — Quelquefois je viens de la maison de ma sœur aînée jusqu'à la ville et souvent ma sœur cadette vient jusque chez mon père ; le chemin est plus long depuis la maison de mon frère cadet, il est très long ; mon frère cadet vient chaque fois sur le cheval ; tantôt il apporte du vin à mon père, tantôt il apporte du thé à ma mère et à mes frères et sœurs.

DOUZIÈME LEÇON

Le mien, le tien, le sien, etc.

Pour traduire en japonais *le mien, le tien*, etc. ; on répète le possessif. Ex :

Ano hito wa watakushino arui wa anata no hon ga ari masu ka : *A-t-il ton livre ou le mien ?* (mot à mot : *de moi ou de toi le livre*).

Pour traduire *celui, celle*, etc., on répète le nom avec la particule no. Ex. :

Ano onna *no* fude ga arui wa ano onna *no* ani *no* fude ga ari masu ka : *Avez-vous son pinceau ou celui de son frère ?* (mot à mot : *le pinceau du frère d'elle*).

Sukoshi, *un peu ;*
Nemui, *qui a sommeil ;*
Himoshii, *qui a faim ;*
Nodo kawaitaru, *qui a soif* (mot à mot : *gorge desséchée*) ;
Tsukareta, *fatigué ;*
Kutabireta, *id. ;*
Hadaka, *nu ;*

Yorokondaru, *content ;*
Aru, *un quelconque, un certain ;*
Aru hi, *un jour ;*
Aru hito, *un certain homme, un tel ;*
Shikashi, *mais ;*
Ga, *mais ;*
Hitori, *un, un seul, une seule ;*
Kikori, *bûcheron ;*
Mago, *muletier ;*
Panya, *boulanger ;*
Momban, *portier.*

EXERCICE

Nous sommes contents parce que nous ne sommes pas malades. — As-tu faim ? — Il a soif. — Mon frère cadet a sommeil. — Êtes-vous fatigués? — Pourquoi êtes-vous malades ? — Parce que nous sommes fatigués. — Pourquoi ce bûcheron n'est-il pas content? — Parce qu'il a soif, car il a apporté du bois et du charbon chez nous. — Qui est dans votre jardin ? — Un certain homme. — Un jour mon frère aîné et un bûcheron sont venus dans mon jardin ; ils avaient un cheval pour apporter du bois ; le cheval avait faim et soif et il a mangé de la paille et de l'herbe ; mais quand il eut mangé il n'avait pas d'eau ; ma sœur est allée à la maison pour prendre de l'eau et elle l'a apportée jusqu'au jardin. — Le cheval et le chien ont bu (*boire :* nomu).

TREIZIÈME LEÇON

Ni l'un, ni l'autre; celui qui, celle qui... qui, lequel, laquelle.

Ni l'un ni l'autre, se rendent en japonais de différentes manières, suivant le sens qu'ils ont dans la phrase :

1° *Est-ce ton frère ou ton père ? Ce n'est ni l'un ni l'autre* : Kono hito wa omaye no ani arui wa o maye no otot' san de ari masu ka. Dochi de mo ari masenu,

ou bien :

Ani demo ototsan de mo ari masenu.

Généralement, en parlant des personnes, on emploie cette dernière tournure, c'est-à-dire la répétition des mots ; et, pour les choses, la première, qui signifie : *n'importe quoi, n'importe lequel.*

2° *Avez-vous votre livre ou celui de votre frère ?* Anato arui wa kiō dai no hon ga ari masu ka.

Je n'ai ni l'un ni l'autre : Watakushino demo kiō dai no demo ari masenu. Dochi de mo ari masen.

Celui qui..., **celle qui...**, **ceux qui...**, **qui...**, **lequel...**, **laquelle...**, **lesquels...**, ne se rendent pas en japonais : il faut tourner la phrase par le passé du verbe.

Où est celui qui a battu cette femme ?

Où est l'homme qui a battu cette femme ?

Tournez : *Cette femme* (acc.) *avait battu l'homme* (sujet) *où est-il ?*

Ano onna wo butta hito wa doko ni ari masu ka.

La femme qui porte l'enfant est dans le jardin : tournez par le présent du verbe : *La femme porter l'enfant est dans le jardin* :

Kodomo wo ou onna wa niwa no uchi ni ori masu (1).

Voici l'homme qui : *la femme qui* : *le voici* : *le voilà...*, ne se rendent pas non plus directement ; il faut tourner la phrase :

Voici l'homme qui a battu le chien, tournez par le passé du verbe : *Le chien* (acc.) *avait battu l'homme* (nom.), *celui-ci, est...*

Inu wo butta hito ga kore de ari masu.

Voici la femme qui a pris les fleurs, tournez par le passé du verbe : *Les fleurs* (acc.) *avait pris la femme* (nom.) *celle-ci est...*

Hana wo totta onna wa kore de ari masu.

De même les expressions : **quel est**, **quels sont...**, se rendent de la manière suivante :

Quel est l'homme qui a battu le chien ? tournez par le passé du verbe : *Le chien* (acc.) *avait battu l'homme* (sujet) *qui est-il ?*

Inu wo butta hito wa dare de ari masu ka.

(1) **Ori** *masu* pour **ari** *masu* s'emploie pour les personnes généralement.

Autre, betsu no ; hoka no. — *Ici*, kokoni ; kochira ni (sans mouvement) ; koko ye, kochira ye (avec mouvement). — *Là*, soko ni, sochira ni (sans mouvement) ; sokoye, sochira ye (avec mouvement). — *dehors*, soto. — *Cœur*, kokoro. — *Aller*, yuku. — *Demeurer*, sumau (ō).

EXERCICE

La fille qui est dans le jardin est-elle seule ? — Elle n'est pas seule ; elle est avec une autre fille. — L'enfant qui est dans la rue est-il seul ? — Personne n'est avec lui. — Sont-ils avec mon frère ou mon fils ? — Ils ne sont ni avec l'un ni avec l'autre. — Ils sont avec votre mère. — Voici le boulanger qui a apporté le pain. — Où est le garçon qui a apporté le bois et le charbon ? — Le voici. — Il est là. — Il n'est pas ici. — Il est dehors. — Il est dans l'intérieur du jardin. — Quelle est la femme qui est avec lui ? — Où est mon autre sœur ? — Nous n'avons vu ni l'un ni l'autre de ces enfants.

QUATORZIÈME LEÇON

Que, lequel, laquelle...,

Le **qui** relatif sujet, nous l'avons vu, ne se traduit pas en japonais ; il en est de même du **que** relatif complément direct : il faut tourner la phrase.

On peut traduire de deux manières :

L'homme que j'ai frappé s'est enfui : Watakushi ga butta hito wa nigéta (mot à mot : *j'ai frappé, l'homme s'est enfui*) ;

Ou bien : Watakushini butareta hito ga nigeta (mot à mot : *par moi frappé l'homme s'est enfui*).

Qui, que, etc., complément d'une préposition :

L'homme avec qui je suis sorti est tombé : Watakushi to tomo ni deta hito ga korobi mashita (mot à mot : *avec moi étant sorti l'homme est tombé*).

Les boutiques dans lesquelles ils sont entrés étaient jolies : Ano hito bito ga haita mise ga yoroshu ari mashita (mot à mot : *ils sont entrés, les boutiques étaient jolies*).

Le pinceau avec lequel j'écris est bon : Watakushi

ga kaku fude ga yoroshii (mot à mot : *j'écris le pinceau est bon*).

AUTRES EXEMPLES

Le père dont tu as frappé l'enfant est venu : Anata ni butareta kodomo no chichi ga ki mashita (mot à mot : *par toi ayant été frappé enfant de le père est venu.*

Il a une maison dont les chambres sont grandes : Ano hito wa iye ga ikken ari masu sono heya ga ōki (mot à mot : *il a une maison ses chambres sont grandes*).

Il a écrit une lettre que je n'ai pas comprise : Ano hito ga kaita tegami wo watakushi ga wakari masenu (mot à mot : *il a écrit une lettre je ne l'ai pas comprise*).

On voit donc que le pronom relatif n'existe pas en japonais : il faut bien se garder, quand on parle, d'essayer de le rendre coûte que coûte ; on ferait des barbarismes et les indigènes ne comprendraient pas. Partout donc où il y a un **qui** ou **que** relatif, tournez la phrase.

Miyō nichi Ashita Asu	*demain.*
Kino Sakujitsu	*hier.*
Miyō go nichi Asatte	*après demain.*
Késa hodo Kon chō	*ce matin.*

Kon ban, *ce soir.*
Ikura, *combien* (indéfini).
Iku
Ikutsu } *combien* (défini).

L'un l'autre, les uns, les autres se rendent par aru..., aru...

Les uns mangent ceci, les autres cela : Aru hito wa kore wo aru hito wa are wo tabe masu.

On dit que : hito ga mōshi masu.

EXERCICE

Yoku ben kiyō wo suru hit ga kore wo wakari masu. — Ano hito ni nani wo tanomi mashita ka. — Nani mo tanomi masen de shita. — Kino nomi mashita kahe ga yoroshu ari mashita. — Watakushi ni mirareta onna ga miyo nichi o tot san no uchi ye maeri mashō. — Miyō go nichi aneimoto wa ani to ototo to tomoni machi ye iki mashō. — Kon nichi anata no uchi ni ben kiyō wo suru hito ga kino watakushi no uchi ni ben kiyō shi mashita mata miyō nichi otot san no uchi ni ben kiyō shi masho shikashi miyō gō nichi nani mo shi masu mai.

QUINZIÈME LEÇON

Kon nichi Kyo	*aujourd'hui.*
Issaku jitsu Ototoi	*avant-hier.*
Sore yuye ni Sore no tameni	*c'est pour cela que.*

Sore yuye ni nemu gozai masu : *c'est pour cela que j'ai sommeil.*

Hitotsu,	ichi,	*un*
Futatsu,	ni,	*deux*
Mitsu,	san,	*trois*
Yotsu,	shi,	*quatre*
Itsutsu,	go,	*cinq*
Mutsu,	roku,	*six*
Nanatsu,	shichi,	*sept*
Yatsu,	hachi,	*huit*
Kokonotsu,	ku *ou* kiu	*neuf*
To	ju	*dix.*

Hitotsu, futatsu..., est la numération japonaise pure ; **ichi, ni...**, la numération sino-japonaise ; cette dernière est la plus employée.

Toki } *heure* (temps).
Ji }

Quelle heure est-il? Nan ji de aru ka.
Satsu (particule numérale des livres).
J'ai trois livres : Hon ga san satsu ari masu.

Pour énumérer les objets, les Japonais ne se contentent pas des chiffres ; ils emploient, outre les chiffres, des déterminatifs que l'on pourrait appeler particules numérales. En français, nous en possédons quelques-uns ; ainsi nous disons : cent têtes de bétail. Les Japonais en ont pour toutes espèces de choses. En voici quelques-uns :

Hiki : pour les quadrupèdes, chevaux, bœufs, etc.
Ha : pour les oiseaux.
Nin : pour l'espèce humaine.
Hon : pour tous les objets ronds ou qui se roulent.
Satsu : pour les livres.
Sō : pour les navires.
Ken : pour les maisons.
Ken : pour les sabres, lances...

L'usage seul peut apprendre peu à peu les nombreuses particules numérales du même genre que renferme la langue japonaise.

Remarque : *Quatre hommes* se dit **yo nin** ou **yottari**, et non pas **shi nin** qui voudrait dire : un homme mort.

Quand le nom de nombre *précède* le substantif, il est accompagné de la particule génitive **no** :

San nin no onna : *trois femmes.*

Mais pas lorsqu'il *suit* : onna ga san nin.

EXERCICE

Hito ga san nin. — Muma wa shi hiki. — Meneko wa roppiki (roku hiki). — Inu wo sambiki (san hiki) motte ki mashita. — San ji de ari masu. — Otoko ga hitori ki mashita.— Ushi wo happiki (hachi hiki) motte ki mashita. — Kon nichi yo ji ni ki masu. — Sore yuye ni ku ji ni maeri mashō.

Ototoi hito ga yo nin watakushi no uchi ye ki mashite yoku benkiyō shita shikashi kon nichi hitori de mō ko nai dō suru no ka wakaranai taku san shigoto ga atte mata shoku nin ga nakutte makotoni shi hō ga ari masenu desu.

SEIZIÈME LEÇON

Katsu, katta, *gagner* (vaincre).
Mōkeru, mōketa, *gagner* (faire profit de).
Mina, *tout*, *tous*.
Ono ono } *chacun*.
Kaku } *chacun*.
Mattaku, *entièrement*.
Chittomo, *pas du tout* (avec le verbe négatif).
Mai nichi, *chaque jour*.
Nichi nichi, *tous les jours*.
Asa hayaku, *le matin de bonne heure*.
Tomaru, atta, *rester*.
Asobu, onda, *s'amuser*.
Suwaru, tta, *s'asseoir*.
Hi wo tsukeru, *allumer* (mettre le feu).
Warau, *rire*.
Utsukushii, *joli*.
Tomodachi, } *ami*.
Hōyu, } *ami*.
Kane, *métal* (par dérivation argent-monnaie).
Gin, *argent*.
Hi, *feu*.

Isu, *chaise.*

Koto, *chose.*

Hataraku koto wo shiri masu ka : *Savez-vous travailler* (mot à mot : la chose de travailler).

Kaku koto wo shiri masenu : *Je ne sais pas écrire* (mot à mot : la chose d'écrire).

Watakushi wa nani mo deki masenu : *Je ne sais rien faire* (mot à mot : je ne puis rien).

Waratta *to* kiki mashita : *Je l'ai entendu rire* (mot à mot : qu'il riait, *to* que).

EXERCICE

Sono isu no uye ni suwari mashō. — Daredemo watakushi no isu no uye ni suwari masu mai. — Ano hito wa hataraku koto wo shiri masu. — Anno onna wa kaku koto wo shiri masu ka. — Asobu koto ga deki masu ka. — Omaye ga hairu koto ga dekiru ka. — Nippon no iye no uchi ye oki hito ga hairu koto ga deki masenu. — Anata gata wa waratta to kiki mashita. — Watakushi no haha wa ani to isshō ni machi kara de mashita to kiki mashita. — Myō nichi asa hayaku de mashō. — Maki ga ari masenu kara hi wo tsukeru koto deki masenu. — Kane ga ari masenu kara asobu koto ga deki masenu. — Ku ji de gozai masu kara, deru koto ga ii (= yoi).

DIX-SEPTIÈME LEÇON

Hei tai, *troupe de soldats.*
Hei sotsu, *un soldat.*
Namake mono, *un paresseux.*
Tera, *temple bouddhiste.*
Miya, *temple shintoïste.*
Fune, *barque, bateau.*

Qu'as-tu à..., qu'a-t-il à..., etc..., se rendent simplement par **pourquoi**. Ex. : *Qu'as-tu à rire ?* Naze warau ka.

Itsudemo, *toujours.*

Tsunedzune, *continuellement.*

Qu'as-tu à rire continuellement ? Naze omaye ga itsudemo warau ka.

Ju ichi,	*onze.*
Ju ni,	*douze.*
Ju san,	*treize.*
Ju shi,	*quatorze.*
Ju go,	*quinze.*
Ju roku,	*seize.*
Ju shichi,	*dix-sept.*
Ju hachi,	*dix-huit.*

Ju ku,	*dix-neuf.*
Ni ju,	*vingt*
San ju,	*trente.*
Shi ju,	*quarante.*
Go ju,	*cinquante.*
Roku ju,	*soixante.*
Shichi ju,	*soixante-dix.*
Hachi ju,	*quatre-vingts.*
Ku ju,	*quatre-vingt-dix.*
Ni ju ichi,	*vingt-un.*
San ju ni,	*trente-deux.*
Shi ju san,	*quarante-trois.*
Go ju shi,	*cinquante-quatre.*
Roku ju go,	*soixante-cinq.*
Shichi ju roku,	*soixante-seize.*
Hachi ju schichi,	*quatre-vingt-sept.*
Ku ju hachi,	*quatre-vingt-dix-huit.*
Hyaku,	*cent.*
Ku hyaku ku ju ku,	*999.*
Issen,	*mille.*
Ni sen,	*2.000.*
San sen,	*3.000.*
Ichi man,	*dix mille.*
Ni man,	*20.000.*
Ju man,	*100.000.*
Hyaku man,	*1.000.000.*

Pour rendre un nombre ordinal, il suffit de le faire précéder de la particule dai qui correspond à notre syllabe *ième*. Ainsi :

Dai ichi *premier*.
Dai ni *deuxième*,

et ainsi de suite.

Pour les personnes on emploie quelques expressions numériques spéciales que je vais indiquer :

Un homme, une femme, se dira **hitori** ;
Deux hommes, etc. — **futari** ;
Quatre hommes, etc. — **yottari** ;

les autres nombres ne changent pas.

Les nombres japonais purs, **hitotsu**, etc..., s'emploient seuls ;

Mutsu ni oki mashō ; *Je me lèverai à six heures.*

Ou bien ils peuvent se mettre avec des mots d'origine japonaise pure, mais alors ils perdent leur syllabe finale **tsu** :

Sept heures, nana toki.

Mais, en général, les numéraux sino-japonais sont de beaucoup les plus employés.

EXERCICE

Je veux travailler ce matin et m'amuser ce soir. — Il veut demander ce livre à son ami, mais il n'est pas ici. — Va dans la chambre et allume du feu. — Qu'a votre père à ne pas rire ? — Qu'avez-vous à ne pas jouer avec vos amis ? — Combien avez-vous porté de livres aujourd'hui ? — J'ai porté trente-quatre livres, mon ami trente-six et ma sœur douze. — Cet homme a 98 moutons dans son jardin. — A qui avez-vous pris ces pinceaux ? — Il y en a 45 à moi,

16 à mon frère, et 37 à ma sœur. Cette troupe de soldats a cent cinquante hommes.

5208. — 7029. — 12341. — 536. — 652. — 4323. — 3540. — 8903. — 1875. — 5781. — 15002. — 37615. — 840. — 472. — 753. — 13014. — 9999. — 8876.

DIX-HUITIÈME LEÇON

Nous avons vu que l'impératif se forme en changeant **u** en **e** pour la première personne du singulier. Pour la première personne du pluriel on emploie généralement le futur :

Kiku, *entendre*; kike, kikō.
Yaru, *donner*; yare, yarō.
Iku, *aller*; ike, ikō.
Toru, *prendre*; tore, torō.

Ces deux formes sont vulgaires et ne sont employées qu'à l'égard des gens de basse condition. La forme polie est tout à fait différente :

O kiki nasai, *écoutez*.
O yari nasai, *donnez*.
O iki nasai, *allez*.
O tori nasai, *prenez*.
Kiki mashō, *entendons* (nous entendrons), etc.
Yari mashō.
Iki mashō.
Tori mashō.

L'exquise politesse de la langue interdit, même entre égaux, l'usage de formes trop sèches.

Dans : *O kiki nasai*, **o** est la particule honorifique qui signifie proprement noble, élevé, et qu'on emploie fréquemment quand on parle à un supérieur. Nous l'avons déjà vu il y a quelque temps, à propos des pronoms possessifs :

O inu, *votre chien*.

O taku, *votre maison*.

Cet **o** honorifique devient **on** devant certains mots et **go** devant d'autres ; quelquefois il se lit **mi**.

Nasai ou **Nasare** signifie : *veuillez bien, ayez l'obligeance de*.

Au lieu de **o kiki nasai**, on peut aussi dire **kiite kudasai, yatte kudasai**, etc. Ce qui peut se rendre mot à mot : « en écoutant faites-moi la faveur de ».

Ce que... se traduit en tournant par *la chose que :*

J'écrirai ce que je pourrai la chose que je pourrai; et l'on ajoute **dake** seulement, ou **hodo**, quantité :

Watakushiwa dekiru koto *dake* kaki mashō.

Mōshi si (avant le verbe); *naraba* si (après le verbe).

Ano hito wa watakushino uchi ni *mōshi* hairi masu *naraba* buchi mashō : *S'il vient chez moi, je le frapperai*.

On peut employer **naraba** tout seul sans **mōshi** :

Kiki masu *naraba* kaki mashō : *Si j'entends, j'écrirai*.

On peut encore employer d'autres formes pour

5

traduire notre *Si* français : **tara, réba, eba** ajouté à la fin du verbe et faisant corps avec lui :

Kiki masureba, *si j'entends ;*
Kiitara, *si j'entends :*
Kakeba, *si j'écris ;*
Hayaku, *vite, promptement :*
Ima } *maintenant :*
Tada ima }
Hayaku ike, *va vite ;*
Tada ima iki mashō, *allons* (nous irons) *maintenant.*

Pour rendre l'impératif accompagné de la négation, il n'y a qu'à ajouter le verbe négatif à l'impératif affirmatif :

Kike, *écoute :* kikena, *n'écoute pas :* on dirait mieux : kika nai de ii, *il est bon de ne pas écouter.*

O yari nasai, *donnez ;* o yari nasare nai, *ne donnez pas* (mieux : o yari nazaru na).

On peut également rendre par : *ne donnant pas,* c'est bien : yaranakutte yoroshii.

Le conditionnel, tel que nous l'avons en français, n'existe pas en japonais. On le rend par le futur dubitatif. Ainsi :

S'il faisait beau temps demain, nous irions nous promener (tournez : *s'il fait... nous irons...*) : myō nichi tenki yoi naraba, bura bura iki mashō (iki masu de shō, darō) :

S'il n'avait pas plu hier, il n'y aurait pas eu de boue aujourd'hui : Kino ame ga furanakatta naraba kio wa doro ga ari masenu darō (deshō) : **darō** est mis pour **de arō** : et, joint à un verbe comme suffixe, il indique généralement le conditionnel.

DIX-NEUVIÈME LEÇON

Akeru, e, ta, *ouvrir ;*
Kaesu, i, ta, *rendre ;*
Tsugu, i, ida, *verse ;*
Tsukeru, e, ta, *placer*, *fixer*.

Ano hito wa watakushino uchi ni *kesshite* hairi masen : *Il n'entre jamais chez moi.*

Anata wa Watakushini kesshite sake wo tsugi masen : *Vous ne me verrez jamais de sake.*

Watakushi wa ippen mo kiōtō ye iki masen de shita : *Je ne suis jamais allé à Kiōtō.*

L'adverbe **jamais** se rend en japonais de différentes manières ; il n'y a pas de mot propre pour l'exprimer. On emploie le mot **kesshite**, *certainement*, *décidément*, avec le verbe négatif : tantôt aussi on se sert du mot **itsudemo**, *toujours*, avec aussi le verbe négatif ; ou bien on se sert, comme dans le dernier exemple, des mots **ippen mō**, *pas même une fois.*

Shimeru, *fermer :*
Mado, *fenêtre :*

Tokuri, } *bouteille ;*
Bin, }
Abura, *huile.*

Je veux, je voudrais, quand il a un sens désidératif, se rend, ainsi que nous l'avons déjà vu, par le suffixe **tai** :

Netai, *je veux dormir :*
Nomitai, *je voudrais boire, je boirais bien.*

Mais, quand il indique la volonté, qu'il est impératif, on emploie, avec le suffixe **tai** des mots tels que **zehi, zehi tomo**, *malgré tout :* **dōshite mo**, *absolument :*

Kon nichi ze hi benkyo wo shitai : *Je veux travailler aujourd'hui.*

Dōshite mo machi ye iki tai : *Je veux aller absolument à la ville.*

Ou bien on tourne la phrase et on emploie un autre verbe pour exprimer sa pensée :

Machi ye ika na kereba nari masenu : *Il faut que j'aille à la ville* (mot à mot : Si je ne vais pas à la ville ça ne va pas).

EXERCICE

Je veux dormir. — Veux-tu boire ? — Elle ne veut pas travailler. — Pourquoi ne veux-tu pas sortir ? — Que veux-tu faire ? — N'ouvre pas la porte. — Avez-vous ouvert la fenêtre ? — Non, nous ne l'avons pas ouverte. — Ouvre cette fenêtre et ferme la porte. — Nous n'ouvrons jamais notre porte pendant la nuit. — Pourquoi n'avez-vous pas rendu à cette femme ses cuillers et ses tasses? — Parce qu'elle ne nous les a pas demandées. — Quand les lui rendrez-vous ? — Demain ou après demain. — Rendez-les maintenant. — Allez de suite. — Voulez-vous boire du vin? — Non, je n'aime pas le vin, je voudrais boire du café. — Versez l'huile dans cette bouteille. — Que veux-tu fixer là ? — Je veux placer ce pain et cette viande sur la chaise.

VINGTIÈME LEÇON

Kon nichi ano hito wa asa hayaku ki mashita : *Il est venu ce matin de bonne heure.*

Nan ji ni anata wa mairi mashita ka : *A quelle heure êtes-vous venu ?*

Kesa hodo chōdō roku ji ni mairi mashita : *Je suis venu ce matin à 6 heures précises* (Chōdō, *exactement*).

Ima bakari ki mashita : *Je viens d'arriver* (Ima bakari : *seulement maintenant.*)

Sumau,	*habiter.*
Nozoku,	*excepter.*
Nozoite,	*excepté.*
Gakkō,	*école.*
Ichi,	*marché.*
Omoi,	*lourd.*
Karui,	*léger.*
Ato de,	*après.*
Osoi,	*en retard, tardif.*
Susumu.	*avancer.*
Tokei,	*montre, horloge.*
Han,	*demi, moitié.*
Nichi yō bi,	*dimanche.*
Getsu yō bi,	*lundi.*

Ka yō bi, *mardi.*
Sui yō bi, *mercredi.*
Moku yō bi, *jeudi.*
Kin yō bi, *vendredi.*
Dō yō bi, *samedi.*

Quelques verbes japonais sont employés dans la conversation comme verbes auxiliaires. Le Japonais n'aime pas les phrases rapides et courtes. En dehors de nombreuses expressions glissées dans la phrase pour ne rien dire, il y a donc aussi certains verbes qui, servant d'auxiliaires, allongent le verbe principal. De ce nombre sont :

Kureru, lequel, à proprement parler, veut dire *donner*, mais qui est surtout employé comme verbe auxiliaire :

Mite kure } *vois, regarde* (mot à mot : *voyant,*
Mite o kure } *donne*).

Misete o kure, *montre.*

Hanashite kure nai ka, *ne veux-tu pas me dire?*

Shimau, *finir, terminer*, sert à accentuer le temps passé :

Hon wo yonde shimai mashita : *J'ai lu le livre* (mot à mot : *j'ai fini lisant le livre*), au lieu de : hon yomi mashita.

Kuru, *venir*, sert aussi d'auxiliaire et renforce le verbe. Ainsi :

Kiite kita, *j'ai entendu* (mot à mot : *entendant je suis venu*).

Fude wo katte ki mashita : *J'ai acheté un pinceau* (mot à mot : *je suis venu achetant un pinceau*).

L'usage apprendra les autres.

EXERCICE

Watakushi domo wa myō nichi juji nijippun maye ni mairi mashō. — Asa hayaku machi kara dete watakushino maye ni ichi ye iki mashō. — Nan ji ni uchi ye iki mashō ka. — Ima bakari anatano ane wa ichi ye iki mashita. — Kono machi no gakkō wa dochira de ari masu ka. — Tada ima nanji de gozai masu ka. — Ku ji han de gozai masu. — Anatano tokei wa osoi. — Sui yō bi ni ano hito wa ju go fun no aida ni niwa ni tomari mashita. — Nichi yō bi ni nani wo itashi mashō ka. — Kin yō bi ni asa benkyō shi mashō sore kara ban ni asobi mashō. — Anata wa tokei ga ari masu keredomo susumi masu to omoi masu. — Ima chōdō ban no juji desu kara yasumi ni iki mashō.

VINGT ET UNIÈME LEÇON

Le mot « encore ».

Cha wo *mo* ippai nomitō gozai masu ka : *Voulez-vous boire encore une tasse de thé ?*

Kono hon wo *mo* ippen motte koi : *Apporte-moi encore une fois ce livre.*

Pour traduire le mot **encore** dans le sens de *en outre*, *de plus*, on se sert de la particule **mo** avec le verbe affirmatif (**mo**, avec le verbe négatif, signifierait *ne plus*).

Mada de masen : *Je ne suis pas encore sorti.*

Ano onna wa inu wo mada mi masen : *Elle n'a pas encore vu le chien.*

Tegami wo mada kaki masen : *Je n'ai pas encore écrit la lettre.*

Pour traduire l'expression *ne... pas encore* on se sert du mot **mada** avec le verbe négatif :

Ano hito wa mada kaite ori masu : *Il écrit encore* (*est encore écrivant*).

Ano hito wa mada byōki de ori masu : *Il est encore malade.*

Watakushi ga mada hitotsu gozai masu : *J'en ai encore un.*

Lorsque le mot *encore* indique la durée, on le traduit par **mada** (ou **imada**) avec le verbe affirmatif.

Le mot *encore* signifiant : *aussi, également* se traduit par **mo** :

Kono basha ni Kinoda san mo ori mashita : *Dans cette voiture il y avait encore M. Kinoda.*

(**San**, contraction de **sama**, veut dire Monsieur, Madame, Mademoiselle.)

Mo taku san : *assez, suffisamment :*

Zui bun : *assez, pas mal de.*

Neko ga mo taku san nomi mashita : *Le chat a assez bu.*

Watakushi domo wa mo taku san ben kyō shi mashita : *Nous avons assez travaillé.*

Kono niwa ni zui bun hana ga ari masu : *Il y a assez de fleurs dans ce jardin.*

To entre deux verbes signifie *que :*

Kodomo ni gakkō ye itte to hanashite kudasai : *Veuillez dire aux enfants qu'ils aillent à l'école (d'aller à l'école).*

EXERCICE

Avez-vous dit à votre père de venir chez moi ? — Je ne lui ai pas encore dit d'aller chez vous. — Je n'ai pas encore vu cette femme. — Qu'avez-vous dit à cette femme ? — Je lui ait dit d'aller chez son frère parce qu'il est malade. — Avez-vous dit à cet homme de s'asseoir ici. — J'ai vu cet enfant hier; il est encore malade. — Étant venu ce matin j'ai vu votre frère. — Mon frère n'est pas encore venu à la maison. — Je n'ai pas encore vendu mon cheval. — Regardez là encore une fois. — Avez-vous écrit à votre sœur? — Non, je n'ai pas encore écrit. — Voulez-vous boire encore une tasse de thé? — Je ne boirai plus, j'ai assez bu. — Comme j'ai beaucoup travaillé aujourd'hui, j'irai m'amuser au jardin et je sortirai aussi dehors. — Puisque vous n'avez encore rien écrit vous ne pouvez pas sortir maintenant.

VINGT-DEUXIÈME LEÇON

Toki ni,	*quand, lorsque:*
Mōsu,	*dire;*
Uru,	*vendre;*
Mitsukeru,	*trouver, découvrir:*
Agaru,	*monter:*
Kudaru	*descendre;*
Ringo,	*pomme;*
Momo,	*pêche.*

Le mot « en ».

Omaye wa pan wo mochi masu ka : *Avez-vous du pain?* — Mochi masu : *J'en ai.*

Saji wo hitotsu mochi masu ka : *Avez-vous une cuiller?* — Hitotsu mochi masu : *J'en ai une.*

Ano hito wa uma wo mochi masu ka : *a-t-il des chevaux?* — Iye mochi masen : *Non, il n'en a pas.*

Itsu kono machi kara o de nasai mashita ka : *Quand êtes-vous sorti de cette ville?* — Sakujitsu de mashita : *J'en suis sorti hier.*

Pan ga ari masu ka : *Y a-t-il du pain?* — Sukoshi

bakari ari masu : *Il n'y en a qu'un peu.* — Tanto ar-masen : *Il n'y en a guère.* — Chittomo ari masen : *Il n'y en a pas du tout.*

Anatano tomodachi wa dochira ni sumai masu ka : *Où demeurent vos amis ?* — Machi ni : *En ville.*

On voit par ces divers exemples que :

1° Le mot **en** ne se traduit pas en japonais s'il représente un mot indéterminé, ou bien s'il représente un nom déjà exprimé (dans ce dernier cas, on peut répéter ce nom) ;

2° Lorsqu'il peut se tourner par une préposition et un pronom, on se sert pour l'exprimer de la préposition et du pronom qui conviennent ;

3° Lorsqu'il est préposition, on le traduit par **ni** = *dans*, ou un équivalent.

Le mot « y ».

Ano hito wa uchi ni ori masu ka : *Est-il chez lui ?* — Ori masu : *Il y est.*

Heya ni ori masu ka : *Est-il dans la chambre ?* — Ori masu : *Il y est.*

Kono iye ni o sumai nasai masu ka : *Demeurez-vous dans cette maison ?* — Sumai masu : *J'y demeure.*

Nichi yō bi ano hito no uchi ye iki masu ka : *Allez-vous chez lui dimanche ?* — Iki masu : *J'y vais.*

On voit également que le mot **y** ne se traduit pas pas en japonais ; quand on veut le rendre pour préciser davantage, on se sert de l'adverbe *là*, ou des mots *en cet endroit : en cette maison*, etc. Ex. :

Naze otot' san no uchi ye iki masen ka : *Pourquoi*

n'allez-vous pas chez votre père ? — Tada ima achira ye iki masu : *J'y vais maintenant* (achira ye = *là*).

EXERCICE

Cette fille était petite ; aujourd'hui elle est grande. — Cette femme-là est mauvaise et celle-ci est bonne. — J'avais de l'argent et aujourd'hui je n'ai rien. — Est-il allé en ville ? — Il y est allé hier. — Quand est-il entré chez vous ? — Il y est entré ce matin. — Quand en est-il sorti ? — Il en est sorti à dix heures et demie. — Demeure-t-il dans cette ville ? — Il y demeure. — Allez-vous au marché demain ? — Nous y allons. — Y achèterez-vous quelque chose ? — Nous y achèterons du pain et de la viande. — Si tu y vas de bonne heure, tu m'y rencontreras. — Allez de suite à la ville chez mon frère et dites-lui de venir demain de bonne heure au marché et d'y apporter de l'argent. — Votre père est-il dans sa chambre ? — Il y est. — Il n'y est pas. — Sont-ils ici ? — Ils n'y sont pas. — Il n'y est jamais à huit heures. — Lorsqu'il viendra vous lui direz de me donner des pommes et des pêches.

VINGT-TROISIÈME LEÇON

Anatawa hairi mashita tokini watakushi wa kaite ori mashita : *J'écrivais quand vous êtes entré.*

O tot' san biō ki de otta to mi mashita toki ni naki mashita : *Il a pleuré quand il a vu son père malade.*

Tegami wo kaite shimai mashita tokini de mashita : *Quand il eut écrit sa lettre il sortit* (mot à mot : *quand il eut fini écrivant.*)

L'*imparfait* se rend ordinairement par le prétérit du verbe précédé du participe présent.

Le *passé défini*, le *passé indéfini*, le *passé antérieur* se rendent simplement par le prétérit.

Le *plus-que-parfait* se rend aussi par le prétérit précédé quelquefois d'un adverbe pour bien déterminer la signification.

Anata wa ki mashita toki ni hon wo mohaya yonde shimai mashita : *Quand tu es venu j'avais lu mon livre* (mot à mot : *j'avais fini ayant lu*).

En somme, en japonais, il n'y a qu'un temps passé, et les nuances de *passé défini*, *passé indéfini*, *passé antérieur*, etc., n'existent pas.

Pour l'*imparfait*, comme pour le *présent*, la tournure la plus employée est celle qui correspond exactement à la tournure anglaise : *I am doing : I was coming*. Ex. : *Je fais* = shite ori masu (*je suis faisant*). — *Je venais* = kite ori mashita (*j'étais venant*).

Le *futur* se rend ordinairement par le *présent* : c'est la tournure de la phrase seule qui indique que l'on parle au futur :

Myō nichi iki masu : *J'irai demain.*

Myō go nichi Kanagawa ye iki masu ka : *Irez-vous après-demain à Kanagawa ?*

Iki mashō signifierait plutôt : *iriez-vous ? pensez-vous aller ?* c'est une sorte de futur conditionnel.

VINGT-QUATRIÈME LEÇON

Il faut, se rend en japonais par :

Na kereba nara nai ;
Na kereba nari masen ;
Neba naranu (mot à mot : *s'il n'y a pas, cela ne va pas*).

Il faut que je fasse cela : Kore wo shi na kereba naranai.
Il faut que je mange : Tabe na kereba nari masen.
Il faut que je dorme : Ne na kereba nari masen.
Il faut que je lise : Yomaneba naranu.

Il ne faut pas, se rend par :

Ike nai ;
Ike masen.

Avec le participe présent :

Waratte ike masen : *Il ne faut pas rire.*
Asonde ike masen : *Il ne faut pas s'amuser.*
Kokoni tomatte ike nai : *Il ne faut pas rester ici.*

En langue vulgaire on dirait : **waratchia ikenai** : *Il ne faut pas rire.*

Waratchia = waratte ;
Itchia = itte ;
Tabetchia = tabete, etc.

Kotoba,	*langage.*
Manabu,	*apprendre.*
Ishiya,	*maçon.*
Tai kutsu suru,	*s'ennuyer.*
Nagusamu,	*s'amuser.*
Shitashimi, Konsei,	*amitié.*
Inaka,	*la campagne, les champs*
Shiru, Shitte oru,	*savoir, connaître.*
Shoku ji,	*repas.*
Ogamu,	*prier.*
Shitaku suru,	*préparer.*
Negau,	*demander.*
Dekita,	*prêt, préparé.*
Yaru,	*donner, transmettre, envoyer.*
Ageru,	*donner* (d'un inférieur à un supérieur).
Kudasaru,	*donner* (d'un supérieur à un inférieur).
Tateru,	*bâtir.*
Tokoro,	*endroit.*
Hiroi, ki, ku,	*large.*
Semai, ki, ku,	*étroit.*
Ippai ni suru,	*remplir.*
Mono, Koto,	*chose.*

EXERCICE

Il faut que je mange quelque chose de bon. — Il faut que tu prennes ce pain et que tu le manges. — Je ne désire pas manger de viande. — Il ne faut pas rire quand on travaille. — Viens aujourd'hui chez moi, nous ferons un bon déjeuner. — Il y a dans la ville un endroit très étroit pour aller à la rivière ; il faut y aller et nous prendrons de l'eau pour reporter à la maison. — Voulez-vous manger quelque chose ? — Si vous voulez, je préparerai de la viande, du riz, du pain et je vous donnerai un repas. — Mon ami a élevé une grande maison dans un endroit trop étroit. — Je vous demanderai de me donner un peu de feu. — Dans cette maison très grande il faut préparer un endroit pour dormir ; il faut y apporter de la paille et aussi un peu de bois pour allumer le feu. — Savez-vous combien de chevaux nous aurons pour partir demain matin ? — Dix chevaux et nous partirons à sept heures.

VINGT-CINQUIÈME LEÇON

Pour former les noms de métiers, on ajoute **shi** après la profession :

Shitate, *confection* ;
Shitate shi, *tailleur*.

Cependant, en général, on substitue au mot **shi**, le mot **ya** qui veut dire : *boutique* : on prend la maison pour l'individu. Ainsi :

Shitate ya, *tailleur* ;
Abura ya, *marchand d'huile* ;
Pan ya, *boulanger*.

Il y a, naturellement, des exceptions que l'usage apprendra ; mais les corps de métiers peuvent, presque tous, être dénommés de la façon précédente.

Nedan,	*prix, valeur.*
Ham bun,	*moitié.*
Kumi ai nin, / Nakama no hito,	*associé.*
Urite,	*vendeur.*
Kaite,	*acheteur.*

Wake, Dōri,	*raison, explication.*
Yōsasō,	*qui a l'air bon.*
Furisō,	*qui a l'air de tomber.*
Amega furisō desu :	*Il semble qu'il pleut.*
Hajimaru,	*commencer* (neutre) ; *être commencé.*
Hajimeru,	*commencer une chose.*
Naru,	*devenir.*
Danna, Shujin, Aruji,	*le maître de la maison.*
Kashira Chō	*le chef.*
Jin min	*le peuple, les habitants,*
Awaremu,	*avoir pitié.*
Kiaku,	*hôte, convive.*
Okoru,	*se fâcher.*
Kiu ni, Isoide,	*vite, rapidement.*
Karu,	*emprunter, louer.*
Kasu,	*prêter.*
Matsu,	*attendre.*
Mmaya,	*écurie pour chevaux.*
Ushiya,	*écurie pour bœufs.*
Kura,	*magasin.*
Mise,	*boutique.*
Sukoshi nochi ni,	*un moment après.*
Sujitsu nochi ni,	*quelques jours après.*
Sugetsu nochi ni,	*quelques mois après.*
Hai shaku,	*emprunter.*
Mura,	*village.*
Kari komu,	*moissonner.*
Shō yu shu, Iyenoshi,	*propriétaire.*

EXERCICE

Anatano uma wo watakushi ni kasu ka kasa nai ka. — Kochira ni ari masen kara, kasu kotoga deki masen. — Tonari no hito no uchi ni umaya to ushiya ga aru. — Sakujitsu aru akindo no kura to mise wo mitan' deshita ga shu jin wa ori masen deshita kara daremo uchi ye hairu koto deki masen de shita. — Mura no jin min wa myō nichi ki to wara to kusa wo kari komi mashō shikashi sujitsu nochi ni mata kura no uchi ni mina irete ki mashō. — Kumi ai nin wa sambyaku nin ni shite ham bun Tōkiō ni mata wa hambun Kiōtō ni sumatte ori masu. — Issakujitsu aru hito kara kane wo taku san hai shaku shita ga myō nichi Yokohama shi no ichi ye iki mashite shō bai de mōkeru ka mo shiri masen sōshite mōketaraba hai shaku shita kane wo mina kaeshi mashō. — Iye ga ikken karite ki masu ga ikka tsuki go ju yen desu makotoni iye no shi ga kechimbo desu.

VINGT-SIXIÈME LEÇON

Hima, *temps, loisir.*
Itoma, *temps, loisir, congé.*

Hima ga ari masen : *Je n'ai pas le temps.*
Mada hima ga gozai masu : *Il y a encore du temps.*
O itoma itashi mashō : *Je prendrai congé.*

Tabi,	*voyage.*
Tabi bito,	*voyageur.*
Soba de,	*auprès de.*
Fukai, ki, ku,	*profond.*
Kawa,	*rivière.*
Chikayoru, Chikadzuku,	*s'approcher.*
Fuchi,	*bord, marge, rivage.*
Ochiru,	*tomber.*
Wataru,	*traverser.*
Mannaka,	*le milieu, le centre.*
Hara,	*ventre.*
Ataru,	*atteindre à, arriver à.*
Tenki,	*temps, atmosphère.*
Saku nen,	*l'année dernière.*
Mekura,	*aveugle.*

Mekachi,	*borgne.*
Hito wo azakeru,	*se moquer de quelqu'un.*
Chōchin,	*lanterne.*
Kotayeru,	*répondre.*
Shiraseru,	*informer, faire savoir.*
Sosokashii ki, ku,	*précipité, étourdi.*
Giyō gi,	*tenue, manières, conduite.*
Giyō gi yoi,	*poli, de bonne tenue.*
Giyō gi warui,	*de mauvaise tenue, rude, impoli.*
Shidzukani,	*tranquillement. doucement. paisiblement.*

EXERCICE

Saku nen watakushiwa tabi wo shi mashita. — Dochira ye o tabi wo itashi mashita ka ? — Nippon no mannaka ye iki mashite mura wo takusan mi mashita. — Watakushi wa tabi wo tai hen sukimasu. — Kono tabi bito wa mottomo nagai michi de aruki mashite, tai hen kutabirete ori masu. — Fukai kawa no soba ni aruite san nin no kodomo ni ai mashita. — Asobi mashite ano kodomo wa mina kawa no uchi ni ochii mashita. — Kawa no fuchi ni chikayotte ikenai. — Mannaka ni midzu ga fukai. — Kono kawa ga fukaku atte midzu ga shidzuka desu. — Tenki ga kino warukatta. — Myō nichi ame ga furi mashō. — Asu no asa tenki ga yokarō. — Kon nichi wa go ki gen wa ikaga de gozai masu ka. — O tot'san to o'kka san wa futari tomo yoroshu gozai masu ka.

Où as-tu vu cet aveugle ? — Je l'ai rencontré dans la rue. — Pourquoi t'es-tu moqué de lui? — Je me suis moqué de lui parce qu'il portait à la main une lanterne. — Quand tu te moqueras d'un aveugle, je te frapperai. — Cet aveugle portait-il quelque chose sur son dos ? — Oui, il portait sur son dos du bois. — Avait-il un bâton à la main ? — Non, d'une main il avait sa lanterne et de l'autre il avait le bois. — Cet aveugle était très poli, car il m'a dit : « Pourquoi viens-tu devant moi ? Vois, je ne puis pas connaître mon chemin. Dis-moi s'il y a quelque chose sur ma route. »

VINGT-SEPTIÈME LEÇON

Harau,	*balayer, essuyer.*
I fuku,	*vêtements.*
Shabon,	*savon.*
Kitanai, ki, ku,	*sale.*
Naku,	*crier, pleurer.*
Sakebu,	*crier, appeler.*
Atama,	*tête.*
Kubi,	*tête, cou.*
Yaku,	*cuire, rôtir.*
Niru,	*cuire, bouillir.*
Shigiō / Shigoto	*travail.*
Damaru,	*se taire.*

Pour traduire les pronoms **me**, **te**, **se**, accompagnant un verbe, on se sert de l'un des mots *ji*, *jibun*, *midzukara* qui veulent dire **soi**, **soi-même**.

Kittō,	*sûrement, certainement.*
Utagai, naku	*sans aucun doute.*
Hosu,	*faire sécher.*
Nawa,	*corde.*

Kappa,	*manteau.*
Kwayaku,	*poudre* (médecine de feu).
Namari,	*plomb.*
Sampō	*promenade.*
Utsu,	*tirer.*
Tsubame,	*hirondelle.*
Nerau,	*viser.*
Tama,	*balle.*
Sinzō,	*cœur* (l'organe).
Kake de uru,	*vendre à crédit.*
Kake de kau,	*acheter à crédit.*
Genkin,	*argent comptant.*
Sha suru,	*remercier.*
Hen,	*côté.*
Sō ten suru, komu (Tama wo komu)	*charger* (une arme).

EXERCICE

Qu'essuies-tu ? — Essuyez votre vêtement et faites-le sécher. — Chargez votre fusil. — Avec quoi voulez-vous que je le charge ? — Chargez-le avec de la poudre et du plomb. — Allons nous promener. — Prenons nos fusils de chasse nous tirerons des oiseaux. — J'ai tiré une hirondelle. — Vous ne l'avez pas tuée parce que vous ne savez pas bien viser. — Mon fusil est mauvais. — La poudre de votre fusil n'était pas bonne. — Lorsque j'entendis tirer le fusil, je sortis de chez moi et je vis un homme tué. — Une balle l'avait frappé au cœur. — Cet enfant est tombé hier dans la rivière. — Cet homme ne m'a pas vendu d'effets à crédit. — Avez-vous acheté cette lanterne à crédit ou argent comptant? — Nous l'avons achetée à crédit car nous n'avions pas d'argent. — De quel côté êtes-vous allé? — Je suis allé du côté de la rivière. — Allez vous promener du côté de Méguro. — Certainement j'irai à Tokiō aujourd'hui.

VINGT-HUITIÈME LEÇON

Ushinau,	*perdre.*
Makeru,	*perdre* (succomber).
Hō bō,	*de tous côtés.*
Uyeno,	*supérieur.*
Jō tō	*première qualité.*
Shita no,	*inférieur.*
Ka to	*dernière qualité.*
Chu tō,	*qualité moyenne.*
Jun sa,	*agent de police.*
Sui fu,	*matelot.*
Makoto ni / Jitsu ni / Honto ni	*en vérité.*

Anatano go mottomo de gozai masu: *Vous avez raison.*

Sen sei, *maître.*

Medzurashii, ki, ku, *merveilleux.*

Odoroku *s'étonner, être surpris, effrayé.*

Sagasu, *chercher.*

Le mot en, nous l'avons vu, ne se traduit pas en japonais, sauf quand il est préposition. Toutefois, quand il est accompagné d'un participe présent et qu'on peut le tourner par **lorsque**, il se traduit par *nagara* qui se place après le verbe de la façon suivante :

Ex. : *En revenant de chez moi je le vis dans la rue* (lorsque je revenais) :
Uchi yori kaeri nagara ano hito wo michi ni mi mashita.

Il vint en riant : Warai nagara kita.

Maneku,	*inviter.*
Kotowaru,	*refuser.*
Sakana,	*toute nourriture prise avec du sake* (employé pour *poisson*).
Hanasu,	*parler.*
Un dō suru,	*prendre de l'exercice.*
Tabako.	*tabac.*
Amai, ki, ku,	*doux.*
Karai, ki, ku,	*âpre, acide.*
Tabako wo nomu,	*fumer* (boire du tabac).
Kiseru,	*pipe.*
Kesu,	*éteindre.*
Tsuke gi / Machi	*allumette.*

EXERCICE

Cet homme m'a invité à déjeuner. — Chez qui allez-vous déjeuner demain matin ? — Voulez-vous venir dîner avec moi ? — Je voudrais bien, mais mon ami m'a déjà invité et j'ai dit que j'irais. — Le poisson que j'ai mangé hier n'était pas bon. — Cette femme est sortie de chez moi en pleurant, elle m'a dit qu'elle avait été frappée. — Il ne faut pas parler en travaillant. — Vous pouvez parler en vous promenant. — Il ne faut pas frapper vos amis en jouant. — Avez-vous du tabac? — Quel tabac avez-vous? — Je veux du tabac doux et du tabac très fort. — Aimez-vous beaucoup le tabac fort? — Allez chez le marchand de tabac et achetez du tabac doux. — Voulez-vous fumer une pipe? — Prenez du tabac et fumez. — Donnez-moi du feu. — Le feu est éteint. — Alors donnez-moi une allumette. — Pouvez-vous travailler en fumant? — Non, je travaille d'abord, je fume après.

VINGT-NEUVIÈME LEÇON

Kimpen,	*environ.*
Yama,	*montagne.*
Waki ni,	*du côté de.*
Mon,	*porte cochère.*
Chikai, ki, ku,	*proche, près de.*
Kotoshi,	*cette année.*
Ōi,	*nombreux.*
Yakamashii, ki, ku,	*bruyant.*
Dōka / Dūzo	*s'il vous plaît, je vous prie, en quelque sorte.*
Yō,	*besoin.*
Shibaraku,	*pendant quelque temps.*
Kitsune,	*renard.*
Yasai,	*légumes.*
Nasu / Nasubi	*aubergines.*
Nin jin,	*carotte.*
Kuruma,	*voiture.*
Taru,	*tonneau.*
Yobu,	*appeler.*
Ninsoku,	*coolie.*
Kaze,	*vent.*
Fuku.	*souffler.*

Hiki orosu,	*arracher, faire tomber.*
Hi,	*soleil, jour.*
Tsuki } Getsu }	*lune, mois.*

Ne (locution interrogative qui peut se traduire par *n'est-ce pas*, et qui est particulière à Tokio).

EXERCICE

Cet homme a beaucoup de légumes dans son jardin. — Il a des aubergines, des carottes et d'autres légumes. — Que voulez-vous apporter dans votre voiture ? — Je vais jusqu'au marché de Nihonbashi et je rapporterai la viande, les légumes et les poissons que j'aurai achetés. — Appelez un coolie pour qu'il place tout ceci dans la voiture. — Mon cheval est fort ; il portera tout jusque chez vous et il reviendra. — Cet enfant est-il votre fils ? — Il est très grand. — Il est plus grand que le mien. — Il a demeuré chez nous un jour, et quand il est venu il a plu. — Il a plu et tonné toute la journée d'hier et aujourd'hui le vent souffle très fort. — Avez-vous mon vêtement ? — Avez-vous la pipe de votre père ? — Je l'ai cherchée dans la chambre, mais je ne l'ai pas trouvée. — J'écrirai cette lettre moi-même. — J'ai souvent vu cette jeune fille. — Je l'ai vu tous les jours à l'école pour apprendre à lire et à écrire. — As-tu acheté un autre pinceau ? — Le tien, hier, était très mauvais. — Montrez-moi le livre que vous avez acheté chez Maruya. — Cet homme vient d'Hakodaté. — Quand je saurai le japonais j'irai à Tokio et à Kiōtō et aussi j'irai voir le Fujiyama. — Vous viendrez avec moi n'est-ce pas ?

TRENTIÈME LEÇON

Quelques notes sur l'**adverbe**, la **post-position**, l'**interjection**.

1° L'*adverbe*, ainsi que je l'ai déjà noté, est tout simplement la forme de l'adjectif en **ku** :

Yoi, *bon ;*
Yoku, *bonnement, bien.*
Nagai, *long.*
Nagaku, *longuement.*

Il existe également des adverbes comme en français : *toujours, devant, avant, immédiatement*, etc. (on l'a vu dans le courant de cet ouvrage).

Enfin, très souvent, on emploie comme adverbe le *participe passé* du verbe.

2° Ainsi qu'on a pu s'en rendre compte, il n'y a pas en japonais de *préposition*, mais bien des *post-positions*.

3° L'*interjection*, comme dans toutes les langues, exprime la douleur, la surprise ou la joie. Généralement on n'apprend à se servir bien de ces mots que dans le pays même ; toutefois voici quelques-uns des mots japonais employés au sens interjectif :

Oi, oi : *eh ! dites donc !*
Aita : *holà ! j'ai mal !*
Iyada (exprime le dégoût et le mépris).
Kore, kore : *holà, quelqu'un !*
Mā dōmo : *ah ! vraiment !*
Sa, sa : *allons ! allons !*

DIALOGUES

I

Qui est là ?	*Dare sokoni oruka.*
C'est moi.	*Watakushi de gozai masu.*
Qui es-tu ?	*Omaye wa dare de suka.*
Je ne te connais pas.	*Omaye wo shira nai.*
Je ne t'ai jamais vu; que veux-tu ?	*Omaye ni atta koto wa nai nani ga yo ka.*
Comprends-tu mes paroles ?	*Watakushi no iu koto wo wakaru ka.*
Je ne comprends pas.	*Wakaranai.*
Parlez-vous français ?	*Furansu go ga dekiru ka.*
Non, je ne parle que le japonais.	*Iye Nihon go bakari.*
Comment s'appelle cet objet ?	*Kore wa nanto iu ka.*
Vous souvenez-vous de cette affaire ?	*Kono koto wo omoi dasu ka.*
J'ai tout à fait oublié.	*Marude wasureta.*
Entendez-vous ce que je dis ?	*Iu koto wo kiki masu ka.*
J'entends.	*Kiki masu.*

Approchez ici pour mieux entendre.	*Chikadzuite yoku o kiki nasai.*
Je n'entends pas ce que vous dites.	*Iu koto ga kikoe nai.*
Je vous entends	*Kikoe masu.*
Je n'entends pas ce que les gens disent.	*Hito no iu koto ga kikoe nai.*
Prenez une tasse de thé.	*Soreja o cha ippai o nomi nasai.*
Merci, je n'ose pas boire davantage.	*Mo taku sau, motto nome masenu.*
Préférez-vous une coupe de saké ?	*Sake ippai no hō ga yoroshu desu ka.*
Le saké me monte à la tête, et quand j'en ai bu il me faut rester couché.	*Sake ga nobosete nomu to ne na kereba nari masenu.*
Vraiment je regrette de ne pas pouvoir accepter, mais je ne suis pas bien portant.	*Makotoni zan nen desu keredomo fukwai de aru kara itadaki masu mai.*
Il est déjà deux heures et demie ; il faut que je parte.	*Mo ni ji han desu kara dena kereba nari masenu.*
Au revoir donc et une autre fois nous viderons quelques coupes ensemble.	*Sayōnara, mata sono uchi ni isshoni nomi masho.*

II

Vendez-vous des habits ?	*Kimono wo uri masu ka.*
Oui, j'en ai une grande quantité pour vendre.	*Sayō taku san uru no ga ari masu.*
Quel genre de vêtements avez-vous ?	*Dō yu shina ga ari masu ka.*

J'en ai de toutes sortes.
Iro iro no mono desu.

J'ai besoin d'un pardessus, d'une veste, d'une chemise et d'une paire de pantalons.
Gai tō ni uwagi ni juban ni momohiki hito kumi iri masu.

Voici votre affaire.
Go chu mon no shina wa kore desu.

Le pardessus n'est pas bon; il est trop large pour moi.
Gai tō wa yoku nai mono desu watakushini oki sugi masu.

C'est un pardessus bon marché; en voici un meilleur, mais il est plus cher.
Kore wa yasui gai tō de ari masu kono hō wa takai Keredomo motto yoroshii mono desu.

Faites-le-moi voir.
Chotto misete.

Il m'a l'air assez bon, mais montrez-m'en encore un autre.
Yōsasō desu keredomo hoka no wo misete kudasai.

Voici ce que j'ai de meilleur.
Kore wa tana de wa ichi ban yoroshiu gozai masu.

Il n'est pas mauvais, mais il est trop court.
Waruku wa nai ga watakushini wa mijika sugiru.

Vraiment, monsieur, vous êtes trop difficile à satisfaire; ceci est trop long, cela est trop court; allez ailleurs, je n'ai rien à vous vendre.
Makotoni mudzukoshi o kiaku sama desu kore wa mijikaku ari are wa naga sugiru to ossharu shi sore nara watakushi no tokoro ni ari masenu kara betsu no tokoro ye o ide nasai mase.

Allons, allons, ne vous fâchez pas; combien demandez-vous de ce vêtement ?
Sa sa so iuta mono de mo nai kono kimono wa ikura ka (mot à mot : allons, allons, il n'y a pas eu de choses ainsi dites).

Vingt-cinq yen.	*No ju go yen.*
C'est cher ; je puis en avoir un pareil ailleurs pour vingt yen.	*Kore wa takai hoka de wa ni ju yen de kono kurai no ga aru.*
Eh bien ! allez l'acheter et laissez-moi tranquille.	*Soreja sokoye o ide nasai kochira ni wa o ki ni iru mono wa nai.*
Combien voulez-vous de cette veste ?	*Kono uwagi wa ikura ka.*
Six yen et elle est de bonne qualité.	*Roku yen desu soshite yohodo yoroshii sina desu.*

III

Allez au marché et achetez du riz, du mouton et du poisson.	*Ichi ye itte kure histuji to sakana wo katte koi.*
Monsieur ne désire-t-il pas manger d'œufs à midi ?	*Hiru tamago wo agari masenu ka.*
Si, achetez des œufs et en même temps un peu de beurre frais.	*So tamago to atarashi bata wo katté koi.*
Combien d'œufs ?	*Tamago ikutsu.*
Une douzaine et deux livres de beurre parce que j'attends quelques amis à dîner.	*Ju ni bakari bata ni kin o kiakuga konban ni aru kara.*
Je crois qu'il y a des homards au marché et ils sont frais, car ils ont été pêchés ce matin. Dois-je en acheter ?	*Ise yebi ga ichi ni aru ka mo shiri masenu atarashii deshō kesa hodo toreta kara kai mashō ka.*
Achetez ce que vous voudrez, mais surtout faites-	*Yosaso na mono wo katte keredomo shokuji ni wa*

nous un dîner excellent, car je tiens à régaler mes amis. — *yoku shite kure o kiaku ni go chizō surun' da kara.*

Monsieur, le repas est servi. — *Go han ga déki mashita.*

Ce potage n'est pas bon et cette viande de mouton est détestable. — *Kono shiru wa yoku nai mata kono hitsuji no niku wa goku warui.*

C'est pourtant du mouton que j'ai fait venir de Shanghai. — *Keredomo Shang hai kara toriyaseta hitsuji de gozai masu.*

Mais il n'est pas assez cuit ; il est dur. — *Shikashi yoku nite i nakutte katai.*

Donnez-moi la moutarde, le poivre et le sel. — *Karashi to koshio to shio wo okure.*

Versez du vin rouge et blanc. — *Akai budōshu to shiroi budōshu wo tsugite.*

Ce vin blanc est trouble, vous avez sans doute agité la bouteille. — *Kono shiroi budōshu wa nigotte aru futta no darō.*

Allons, desservez la table et apportez le café au salon. — *Sa katadzukete zashiki ni kahe wo motte koi.*

IV

Qui frappe à la porte ? — *Dare ka tori tsugi ga aru.*

C'est moi ; est-ce que vous n'êtes pas encore levé ? — *Watakushi desu ga mada oki nasari masenu ka.*

Il est grandement temps de vous lever. — *Mo okite ii jibun desu.*

Il fait grand jour. — *Mo akaruku nari mashita.*

Ouvrez la porte. — *To wo akete.*

Elle est fermée à clef. — *Jo ga kakatteru.*

A quelle heure vous levez-vous ?	*Nan ji ni oki masu ka.*
Généralement vers six heures et demie.	*Tai tei roku ji han goro.*
J'ai mal dormi la nuit dernière.	*Saku ya yoku nerare nakatta.*
Je n'ai pu fermer les yeux de la nuit.	*Chitto mo nerare masenu de shita.*
Je me lève avec le soleil.	*Higa deru to okiru.*
J'étais levé avant le lever du soleil.	*Higa deru maye ni okita.*
Le sommeil du matin est le meilleur.	*Asa neru no wa ichiban ii.*
Sortez-vous ?	*Ima de masu ka.*
Je me lève.	*Jiki ni oki masu.*
Prenez garde de ne pas avoir froid.	*Kaze wo hika nai yō ni yō jin shite kudasai.*
Oh ! je suis déjà enrhumé du cerveau et ne crains plus de l'être.	*Mo kaze ga hiki mashita so-reja mo kidzukai ga nai.*
J'éternue constamment et use plusieurs mouchoirs par jour.	*Shiju kushami ga dete urai nichi taku san hanafuki wo tsukai masu.*
Il faut bien faire attention aux courants d'air.	*Kaze ni ataranu yo ni ki wo tsukenakereba nari masenu.*

V

Quel âge avez-vous ?	*O ikutsu desu ka.*
Quel âge a votre frère aîné ?	*O ani wa o ikutsu desu ka.*
Et votre plus jeune frère, est-il déjà près d'avoir dix ans ?	*Ichi ban wakai kiyo dai wa mo jussai ni o nari nasai masu ka.*
Mon frère aîné a vingt	*Ani wa hatachi ichi ban no*

ans et mon plus jeune frère n'en a encore que neuf.	*ototo wa mada yoyaku ko-konotsu desu.*
Il n'a pas encore atteint sa vingtième année.	*Mada hatachi ni nari masenu.*
Vous êtes plus âgé que moi.	*Watakushi yori toshi yori desu.*
Vous avez plus de soixante ans.	*Roku jussai uye de ari masu.*
Êtes-vous marié ?	*Oku sama wa ari masu ka.*
Je le suis.	*Ari masu.*
Vos parents sont-ils encore en vie ?	*Go riō shin wa mada o tasha desu ka.*
Mon père est mort il y a deux ans.	*Ni nen maye ni chichi ga naku nari mashita.*
Ma mère est remariée depuis trois mois.	*Haha wa mitsuki maye ni katadzuki mashita.*
Combien avez-vous de fils ?	*Ikutari go shizoku ga ari masu ka.*
J'ai quatre garçons.	*Yottari.*
Combien avez-vous de filles ?	*O jō san ga ikutari ari masu ka.*
J'ai trois filles.	*San nin.*
Avez-vous beaucoup de frères ?	*Go kiyō dai wa taku san ari masu ka.*
Je n'en ai qu'un en vie : les autres sont morts.	*Hitori desu ato wa mina naku nari mashita.*
Nous sommes tous mortels.	*Mina itsu ka ichi dō wa shinu mono desu.*
Mon frère aîné est déjà marié et mon second frère est préfet de Kōfu.	*Ani wa mohaya kon rei shi mashita ototo wa kō fu no chiji de ari masu.*
Ma sœur est mariée à Hakodaté et ma mère est allée l'y rejoindre.	*Ané san wa Hakodate de yome ni iki mashita haha ga o tsuke iki mashita.*

VI

Avez-vous soif?	*Nodo ga kawaki masu ka.*
Oui, j'ai soif, je boirai bien une tasse de thé.	*Kawaki masu kara cha wo ippai itadaki masho.*
Apporte le thé et fais bien attention à ce qu'il ne soit pas éventé.	*Cha wo motte kite aji no naku natta cha de nai yō ni shite.*
Le thé est servi.	*Cha ga deki mashita.*
Mets la table dans le salon.	*Zashiki ni dai wo motte koi.*
Ce thé est encore trop faible; attendons un peu.	*Kono cha wa mada de nai kara chotto machi masho.*
Il serait peut-être nécessaire d'ajouter quelques feuilles.	*Mo sukoshi ire na kereba nari masu mai ka mo shira nai.*
Aimez-vous mieux le thé chinois ou le thé japonais?	*Shina no cha to Nihon no cha to dochira ga yoroshii.*
D'habitude je prends du thé chinois, mais le thé japonais, quand on en a bu pendant quelque temps, a un petit goût amer qui n'est pas désagréable.	*Tsurei shina no cha wo nomi masu shikashi nippon no cha wa nomi tsukereba nigai aji ga shite naka naka waruku ari masenu.*
En prendrez-vous encore une tasse?	*Mo ippai age mashō ka.*
Non merci; il fait si chaud qu'il ne faut pas boire trop.	*Iya arigato atsu sugiru kara amari nome masenu.*

VII

Quelle heure est-il ?	*Nan ji desu ka.*
Dites-moi quelle heure il est.	*Chotto nan ji desu ka.*
Avez-vous une montre ?	*Tokei ga ari masu ka.*
Ma montre ne marche pas.	*Tokei no guwai ga warui.*
Ma montre s'est arrêtée.	*Tokei ga tomatte ori masu.*
Je ne l'ai pas remontée hier.	*Kino maki masenu de shita.*
Ma montre s'est cassée ; il faut que je la porte chez l'horloger pour la faire réparer.	*Tokei ga sonjita tokei ya ye motte itte naosite morawaneba naranu.*
Il est tard.	*Osoku nari mashita.*
Il n'est pas tard.	*Osoku nai.*
Il est une heure précise.	*Chōdō ichi ji desu.*
Il est deux heures moins dix minutes.	*Ni ji jippun mai desu.*
Il est trois heures moins cinq.	*San ji go fun maye desu.*
Il est quatre heures vingt.	*Yō ji nijippun sugi mashita.*
Il est cinq heures et quart.	*Go ji ju go fun desu.*
Il est six heures moins cinq minutes.	*Roku ji go fun maye desu.*
Il est sept heures et dix minutes.	*Shichi ji jippun sugi mashita.*
Il n'est que huit heures.	*Yōyaku hachi ji desu.*
Il est près de neuf heures.	*Mo jiki ni ku ji desu.*
Neuf heures ont sonné.	*Ku ji sugi mashita.*
Dix heures vont sonner.	*Mo ju ji ni nari masho.*
Midi.	*Hiru.*
Minuit.	*Yoru no ju ni ji.*
Quand viendra-t-il ?	*Itsu ano hito wa ki masho ka.*

Il viendra peut-être dans une heure peut-être dans deux.	*Ichi ji kan ka ni ji kan no uchi ni tabun maeri masho.*
Dites-lui de venir à trois heures précises.	*Chōdō san ji ni koi to itte kudasai.*
Il y a à peu près une heure qu'il est parti.	*Dete kara mo kare kore ichi ji han desu.*
Il est resté quelque temps dehors.	*Shibaraku rusu deshita.*
Il restera un jour entier dans cette ville.	*Kono machi ni ichi nichi ori mashō.*
Il partira dans deux ou trois jours : peut-être demain, peut-être après-demain.	*Ni san nichi no uchi ni ashita ka asatte ni wa shuttatsu itashi masho.*

VIII

Il pleut à verse.	*Ame ga taisō futte ki masu.*
Les rues sont pleines de boue.	*Michi ni wa dōrō de aruke masenu.*
La mer est mauvaise.	*Umi ga are mashita.*
Les vagues sont grosses.	*Nami ga tachi masu.*
Le temps est froid.	*Tenki ga samui.*
Le temps est humide.	*Tenki ga shimetta,*
Le froid aujourd'hui est vif.	*Kon nichi samusa ga tsuyoi.*
Je grelottais au lit cette nuit.	*Sakuya wa nedoko ni furuye mashita.*
Le temps est à la pluie.	*Ame ga furisō desu.*
Ce matin en me levant je vis les montagnes couvertes de neige.	*Kon chō oki mashita tokini yama ni ho bō yuki ga ari mashita.*
Je suis allé me promener	*Niwa ni dete sampō shi mas-*

dans mon jardin et j'ai trouvé l'eau du bassin glacée. — *hitara ike no midzu wa kötte ari mashita.*

J'ai jeté une pierre sur la glace qui ne s'est pas cassée. — *Ishi wo nagetemo kori wa koware masenu de shita.*

IX

Il est arrivé hier dans la nuit. — *Saku ya tsuki mashita.*

Il est parti avant-hier au point du jour. — *Issakujitsu sōchō ni tachi mashita.*

Tu t'es levé aujourd'hui de bonne heure. — *Kon nichi anata hayaku ōki mashita.*

Tu es sorti hier avant e lever du soleil. — *Kino hino de maye ni de mashita.*

Le lendemain où êtes-vous allé ? — *Sono yoku jitsu wa doke yo iki mashita ka.*

Autrefois vous alliez tous les jours chez eux. — *Kono aida ni wa mai nichi ano hito no uchi ni iki mashita.*

Irez-vous vous promener cet après-midi ? — *Hiru go ni sampō ni iki masu ka.*

Revenez avant le coucher du soleil. — *Hino iru maye ni o kaeri nasai.*

Où étiez-vous à ce moment ? — *Sono jibun ni doko ni ori mashita ka.*

Je ne peux pas marcher dans l'obscurité. — *Kurai tokoro ni wa aruke masenu.*

Il y a sept jours dans la semaine. — *Isshu kan ni nano ka ga ari masu.*

Il vient quelquefois chez moi le dimanche. — *Toki doki nichi yo bi ni watakushino uchi ni maeri masu.*

Le lundi tantôt il vient nous voir, tantôt il ne vient pas.	*Getsu yō bi ni kitari konakattari shi masu.*
Parfois il ne travaille pas le mardi.	*Toki doki ka yō bi ni benkiyō shi masenu.*
Il va toujours au marché le mercredi.	*Sui yō bi ni wa shiju ichi ye iki masu.*
A l'avenir j'irai chez eux le jeudi.	*Kore kara wa moku yō bi ni ano hito no uchi ye iki mashō.*
Il va souvent au temple le vendredi.	*Kin yō bi ni wa tabi tabi tera ye iki masu.*
Il viendra sous peu.	*Kono goro ni maeri masho.*
Jusqu'à ce jour nous n'avons pas cessé de travailler le samedi.	*Kon nichi made wa dō yō bi ni shiju ben kiyō wo shite ori mashita.*

X

Autrefois il y avait ici marché chaque semaine.	*Izen wa kokoni mai shukan ichi ga tachi mashita.*
Il y a quatre semaines dans le mois.	*Hito tsuki ni shi shu ga ari masu.*
Il y a douze mois dans l'année.	*Ichi nen ni ju ni ga getsu ga ari masu.*
Il y a quatre saisons dans l'année : le printemps, l'été, l'automne et l'hiver.	*Ichi nen ni shi ki ga ari masu haru natsu aki fuyu.*
Nous sommes maintenant dans la saison du printemps.	*Ima haru no ki kō de ari masu.*
Hier il y avait beaucoup de brouillard.	*Kino wa kiri ga taku san furi mashita.*

Ce matin il y avait de la rosée sur l'herbe et sur le feuillage.	*Kesa wa kusa to kino ha ni tsuyu ga ari mashita.*
Les plantes commencent à germer : la terre est couverte de verdure.	*Kusa no me ga de haji me masu doko ni mite mo aoao ii keshiki desu.*
Sentez-vous ce doux zéphyr ?	*Kono haru kaze ni atari masu ka.*
On se porte toujours bien dans cette saison.	*Kono kiko de wa mina itsudemo jobu desu.*

DEUXIÈME PARTIE

THÈMES ET VERSIONS

I

Yohinsei to iu hito ga toshiyotta haha ni kōkō wo itashi mashite takaramono wo te ni ire mashita hanashi de gozai masu.

Gen no kōkei to iu nengō no jibun ni sekikō to iu tokoro ni yohinsei to iu hito ga gozari mashita ga hitori no toshiyotta haha ni tsukae mashite yoku kōkō wo tsukushi mashite iye wa binbō de gozari masu keredomo haha ni kurushii koto wo kikase masezu kanemochi no gotoku ni shite mōshi masu niwa watakushi wa kono goro wa shōbai de mōke mashite kane wo tamete ori masu. Hahasama moshi o nozomi no koto ga gozari masureba sassoku kanai masu kara nandemo go enriō naku oshatte kudasare to moshi mashita tokoro ga hahago wa kore wo kiite ōkini yorokobi mashite mōshi masu niwa sochi ga sayō ni shiawase ga yokereba watakushi mo sukoshi nozomi ga aru to moshi mashite tsunedzune ni omotte ori masu negaikoto wo iroiro mōshidashi mashita.

II

Jōhinsei ga iroiro kufu wo itashi mashite hitotsu no kanai masen koto ga gozari masen de shita. Mohaya rō bō mo kotoshi hachi ju amari de gozari mashite dandan oibore mashite aru toki yohinsei wo soba e yonde oshari masu niwa watakushi wa moto binbo no iyeni umareta kara tsuizo kingin no wan de shoku wo tabeta kotowa nai moshi kore wo totonoete watakushi ni kureta naraba watakushi ga isshō no nozomi wa kore de taru de aro to mōshi mashite yondokoro naku iidashita tokoro ga yōhinsei ga tayasuku ukeaimashite mōshi masu niwa hahasama no ose wo watakushi ga dōshite somuki mashō ka. Mikka no uchi ni kore wo koshiraete age mashō to mōshi mashite sassoku kochi e mairi mashite kokoro no uchi de omoi masu niwa watakushi wa binbō na karada de kingin no wan wo dōshite koshirayō ka shiranu to mōshi mashite sore bakari kanashinde orimasuru wa dōmo awarede gozari masu. Futsuka me no yoru no yume ni hitori no kwan nin ga mairi mashite yōhinsei ni mukatte mōshi masu niwa sochi ga makoto no kokorozashi ga atsū shite yoku rōbō ni tsukaete kōkō wo itasu kara kochi ga kore wo kanshin shite koko made kita no desu kore kara go ri higashi ni hozenrei to iu mine ga aru mine no uye ni hitotsu no hokora ga atte hokora no maye ni mata hitotsu no tō ga aru.

III

Sono tō no soba no ji wo go shaku horeba ichino hitsu ga aru sono uchi ni kingin no utsuwamono ga aru kore wa kochi ga takara desu keredomo sochi ni yarō kara myōnichi sōsō horidashite haha no nozomi wo kanae yo kanarazu utagau koto nai to mōshi mashite kiyeru ga gotoku ni nō natte shimai mashita yohinsei ga ato wo shitōte de mashō to omoi mashita tokoro ga mega jiki ni same mashita fushigi ni omoi nagara kore wa kanarazu ten kara watakushini tsugete kudasatta reimu de arō to omoi mashite akuru asa kurai uchi ni yuki mashite Hōzenrei ni maitte hokora ga aru de arō ka to sagashite ori masu tokoro ga hatashite oshie no tōri hayashi no uchi ni hitotsu no furui hokora ga gozari mashita yōhinsei ga hokora no uchi e hairi mashite kami sama no sugata wo mi mashita tokoro ga yume ni tsuge mashita kwannin to katachiga onaji koto de gozai masu yōhinsei ga tsutsushinde ogami mashite matazoro hashiridete hokora no maye wo mi mashita tokoro ga hitotsu no tōga gozai mashita yōhinsei yorokobi mashite tō no soba wo shi go shaku bakari hori mashita tokoro ga hitotsu no hitsu ga gozari mashita.

IV

Sassoku hitsu wo akete naka wo mi mashita tokoro ga kingin no utsuwamonoga takusan gozai mashita kokoro no uchi de yorokobi mashite kore wo motte kami sama ni atsuku rei wo mōshi mashite uchi e kayette migi no utsuwamono wo minna dashi mashite haha ni yari mashita tokoroga hahaga okini yorokobi mashite sore kara nozomi goto wo yame mashita yohinsei ga kono toshi kara fuku wo ye mashite wadzukani san nen no aida ni kanemochi no iye to nari mashita sō da mukashi no kotoba ni mo kōkōna mono wa kanaradzu kami no tasuke ga aru to iu koto ga gozai masu miru hito kokoro wo tome nasare kokon shōsetsu to iu shomotsu ni kaite gozari masu.

Yōhakushi kane wo kayeshite saiwai wo yetaru koto.

Sōshu to iu tokoro no joka ni yōhakushi to iu akindo ga gozari mashita aru hi machi e dete furudōguya e tachiyori mashite furui susugeta butsudan wo katte uchi e motte kaeri mashite naka ni hatta kami wo haide atarashu harinaosō to itashi mashita tokoro ga kami no naka kara kane ga ju riō de mashita yohakushi bikkuri shite omoi masu ni wa kono kane wo kami no naka e harikometa no wa kanaradzu mochinushi no shinirio no kane de arō watakushi ga ima kono kane wo tottaredomo isshō no uchi de wa tomi no un ga nakereba nagaku motte oru koto ga dekiru mai isso kono kane wo moto no nushi e kayesu ga yokarō to mōshi mashita.

V

Tokoro ga ano butsudan wa donatakara kai nasatta ka to toi mashitaraba teishu ga mōshi masu niwa anata dōshite sono urinushi wo tadzune nasaru noka sukoshi mo utagawashii mono dewa gozari masenu kara go shimpai nasaru na to mōshi mashitara yohakushi mōshi masu niwa ano butsudan niwa sukoshi wake ga gozai masu kara sore de sono urinushi wo tadzuneru no da kara tokoro wo kwashiku shirasete kudasai to mōshi mashita tokoro ga aruji ga kotaete mōshi masu niwa ano butsudan wa dokosokoni ori masuru kwanshō to iu hito wa watakushi ni uri mashita no de gozai masu go yōji ga areba asoko e tadzunete o ide nasai to kwashiku oshie mashita tokoro ga yōhakushi ga yorokobi mashite suguni kwanshō no kata wo tadzunete yukishi arisama wa miye mashita makoto ni ureshii arisama de ari mashita kwanshō ga saiwai ni uchini ori mashite yōhakushi wo yobimashite nanno go yō ga gozari masu ka to tadzune mashitara yōhakushi moshi masu niwa sayō de gozai masu watakushi wa yondokoro naku wake ga atte anata wo tadzuneta no de gozai masu sate itsuzoya koko kara butsudan wo uri nasatta oboe wa gozari masen ka kwanshō ga mōshi masu niwa watakushi wa itatte bimbō yuye yamuwoedzu shite senzō kara tsutawatta butsudan made mo uri mashite konnichi no uyewo fusegite ori masuru no de gozai masu dono wake de mata sore wo o tadzune nasaru ka yōhakushi ga kasanete moshi masu niwa kakubetsu no gi demo ari masen kara go anshin nasare madzu kono butsudan wa dono yōna kakkō sono yosu wo oshare to mōshitara kwanshō ga kotaete kayō kayō de gozai masu to mōshita tokoro ga yōhakushi katta butsudan ni chigai gozai masen.

VI

Que faisait Yōhinsei quand sa mère lui avait déclaré l'objet de ses désirs ?

Une vieille mère ne fait pas toutes sortes de combinaisons.

Il n'y a pas d'homme qui n'ait des désirs.

Il se procura de la nourriture et la fit manger au pauvre.

L'homme qui a plus de quatre-vingts ans tombe peu à peu en enfance.

Si le pauvre m'avait demandé à manger je lui aurais donné de la nourriture.

Parce qu'il ne m'en a pas demandé, je ne lui ai pas donné un seul vase d'or et d'argent.

Le pauvre ne peut pas se procurer des vases d'or et d'argent.

Parce qu'il tombe en enfance il n'est pas capable de faire des combinaisons.

C'est un bonheur de naître dans une maison riche.

La vieille mère se réjouit beaucoup d'avoir mangé dans des vases d'or et d'argent.

Un homme a demandé de la nourriture, un autre de l'argent.

Dans le principe la maison de Yōhinsei était riche et il n'avait point de désirs qu'il ne pût satisfaire.

C'est une chose pénible de servir un homme de quatre-vingts ans.

Quand le riche eut donné de l'argent au pauvre, celui-ci se réjouit.

Si j'avais de l'argent je vous en donnerais.

Combien payerai-je au marchand ?

Neuf riō.

Comme il y aura un riō de trop j'achèterai pour un riō de papier.

Oui.

Ce vieux bassin m'est venu de mes ancêtres.

Lorsqu'il eut appris que la chapelle était faite de telle et telle façon il se mit en route pour aller la voir.

Le Bouddha de la chapelle ressemblait au génie qui lui était apparu en rêve.

Dans cette caisse combien y a-t-il d'argent ?

Il y a une valeur de mille deux cent trente-deux riō.

VII

Sono toki yohakushi ga mōshi masu niwa moshi o hima ga araba watakushino uchi made o ide nasare sotto hanashitai koto ga gozai masu kwanshō ga mōshi masu niwa watashi ga kayōna binbō nin de gozai masu kara wadzukano hima mo tsuiyashi kane masu miawase mashite bankata demo o tadzune mōshi mashō kara hiru no uchi ni wa gomen nasai to mōshi mashitara yōhakushi ga mata mōshi masu niwa konnichi o hima wo tsuiyashi nasareba sadzo go nangi de gozari mashō ga sono dan wa watakushi ga shozon ga aru kara zehitomo go dōdō nasare to mōshi mashite todo kwanshō wo tsurete uchi e kaeri mashite kono butsadan wo misete toi masu niwa anata kono butsudan wo shitte inasaru ka kwanshō ga mi masuru ya inaya kore ga sunawachi watashi no utta butsudan de gozai masu to mōshitara sono toki yōhakushi kane ju riō wo toridashi mashite wake wo mōshi mashite tada kore wo sochi e kaeshi mashō to omōte sasoi mashita no de gozai masu hayō kono kane wo motte kaeri nasare to mōshi mashita tokoro ga kwanshō ga bikkuri shite watashi ga sukoshi wo oboye ga gozai masen ga oyadomo wa yutaka ni kurashite ori mashita kara sadamete oyaji no dai ni harikomete oki mashita mono de gozai mashō keredomo anata ga saiwai atte ten kara o meguni kudasatta kane de gozai masu kara watakushi ga toru wake wa gozai masen to nanben mo kotowari moshi masu to moshi mashite ikkō ukesō na fu wa gozari masen yohakushi kasanete mōshi masu niwa watakushi wa moto yori binbō de gozai masu keredomo konnichi wo kurasu koto wa sahodo nangi demo gozai masen ga anata wa butsudan wo uri nasaru kurai no koto da kara sadzo nangi wo mi nasatta de gozai masho anata moshi kono kane wo tori nasaraneba watakushi no shinsetsu ni somuki nasaru bakari de wa gozai masen nagaku saiwai wo ushinatte issho binbō shinasarō.

VIII

Ima watakushino shinsetsu wo shitte i nasaru naraba kore wo totte o kaeri nasare moshi iyoiyo tori nasarania me no maye de umi e sutete shimai masu kara kanaradzu o kaeshi nasaru na to makoto ni shinsetsu ni mōshi mashita tokoro ga kwansho mo mohaya kotowaru koto mo deki masezu sono kane wo futatsu ni wakete dochira mo go riō dzutsu tori masureba atariwaye de gozari masho to mōshi mashitara yōhakushi uchi waratte moshi masu niwa watakushi wa moshi sono kane wo hoshii kurai nara dōshite anata wo tadzunete kono y° ni mōshi masu mono ka ichi mon mo hoshii koto wa gozai masen kara ju riō minna o tori nasare to mōshi mashite sassoku futokoro no naka e oshii remashita tokoro ga kwanshō ga oki ni kanshin shite mōshi masu niwa imadoki te ni itta kane wo kaesō to suru hitowa totemo doko ni mo gozari masu mai ga anata wa kakubetsu naru zennin de gozai masu kono uye kotowari masuru to kayette shitsurei ni nari masu to mōshi mashite san ben rei wo shite kane no tori mashite sassoku sake wo motomete yōhakushi ni susumiage mashite itomagoi shite kaeri mashita sono nochi shi go nichi tatte kara yohakushi ga mata kwanshō no kata e mimai ni yuki mashita tokoro ga kwanshō ga teinei ni motenashi mashite senjitsu no rei wo mōshi mashite kara hitotsu no chawan wo tori dashite mōshi masu niwa kono chawan wa senzō kara tsutawari mashita yoki chawan da to kiite ori masu keredomo kono yō ni furu yogoreta mama de wa yō ni tatsu mono de aru mai to omoi masu keredomo betsu ni age masu mono ga gozai masen kara kokorozashi made ni age masu kara dozo osamete kudasare to teinei ni mōshi mashita.

IX

Je suis venu hier (deux formes).

Je compte y aller demain.

Je pense y aller probablement demain.

Venez tout à l'heure s'il vous plaît.

Cette femme y alla hier.

J'y allai hier.

Viendrai-je ou irai-je? Viendrons-nous ou irons-nous?

Je désire beaucoup y aller.

Quand est-il venu?

Il est venu avant-hier.

Je m'en retournerai dans trois jours.

Apporte-le immédiatement.

Apportez-le, s'il vous plaît.

Rapporte-le.

Il l'a emporté chez lui.

Une personne est venue, il y a quelques instants.

La personne qui est venue, il y a quelques instants.

Je ne pourrai probablement pas venir demain.

Il est venu avant-hier.

Irons-nous après-demain ?

Il viendra tout à l'heure.

Il y a trois jours que j'y suis allé.

Désirez-vous y aller ?

Allons ! Partons-nous ?

En définitive je n'y allai point.

Yōhinsei amassa de l'argent par le commerce.

Faites-moi entendre les désirs que manifesta la vieille mère.

En apprenant la fortune de son fils elle se réjouit beaucoup.

Ce riche écoute toujours les demandes du pauvre.

Quand on pratique la piété filiale, la fortune est heureuse.

Quand il eut préparé les vases d'or et d'argent, il les offrit à sa mère.

Dans trois jours j'aurai gagné dix rio.

Je ne sais comment je pourrai gagner cet argent.

Cet homme a gagné aisément mille riō par son commerce.

Puisque vous êtes riche, je vous ferai différentes demandes.

X

Allons chez ma mère.

Ma femme et mes enfants sont auprès d'elle.

Si vous avez de l'humanité assistez-moi.

Ne dites pas de choses inutiles.

La femme de l'officier est allée voir la chapelle.

Cette maison est-elle achetable pour dix riō ?

Vraiment ce marchand a de la chance.

Je n'ai pas besoin de ce vieux butsudan noirci de fumée.

Comme je n'ai pas de capital je ne puis pas faire le commerce.

Le temps étant beau, je suis venu.

Cette maison est-elle à vendre ?

La voulez-vous acheter ?

Si elle n'était pas si vieille, je l'achèterais peut-être.

Qui êtes-vous ?

Je suis le fils du papetier.

Quel besoin aviez-vous de venir jusqu'ici ?

Savez-vous si cet homme est généreux ?

Je ne sais pas.

Je ne puis vendre ces vases d'or et d'argent pour dix riō.

Comme je vais à Tokio, en revenant je passerai par Kanagawa et visiterai vos parents.

A qui envoyez-vous cela ?

Je l'envoie en présent à ma mère.

Ce marchand a plus de quatre-vingts ans.

Si vous ne voulez pas acheter n'entrez pas dans ma boutique.

Celui qui ne sert pas sa mère ne pratique pas la piété filiale.

Venez demain matin.

Comme j'ai quelque petite affaire je ne puis pas venir.

Quand même vous auriez quelque petite affaire il faut que vous m'accompagniez.

Par bonheur il vendit le vieux meuble dix riō.

Connaissez-vous le propriétaire de cette boutique?

Non, je ne le connais pas.

Comment tapisser l'intérieur du butsudan?

On pourrait le tapisser avec du papier d'or et d'argent.

Où se trouve la caisse que le marchand a apportée ce matin?

Le marchand n'a pas apporté de caisse.

Si j'avais eu un capital de cent riō j'aurais gagné de l'argent.

XI

Tokoro ga yōhakushi wa sono kokorozashi wo kanshin shite chawan wo moratte kaeri mashita mohaya ju shi go nichi mo tachi mashita tokoroga Tōshoku to mōsu akindo ga yōhakushi no uchi e kimashite futo ima no chawan wo mi mashite okini odoroite mōshi masu niwa kono chawan wa dokokara o motome nasatta ka kore wa makoto ni takusan nai mei butsu da moshi uri nasaraba watakushi ga kore wo kai mashō to mōshi mashitara yōhakushi mōshi masu ni wa kono chawan wa senjitsu aru tokoro kara okuri mashita mono de gozai masu watakushi ga mada medzurashii mono to iu koto wo shiri masen ga kono yōna furui chawan wo dōshite o home nasaru no ka sono wake wo kikasete kudasai to toi mashitaraba tōshoku mōshi masu ni wa kono chawan wa hōseki wo motte tsukutta mono de gozari mashite naka e midzu wo ire masureba go shiki ga araware masu moshi midzu no naka ni doku ka kegareta mono ga gozari mashitara kanaradzu awa ga okori masu sorede takara to itasu no de gozai masu chawan no na wo shikidoku hō to moshi masu kokoromi ni midzu no irete mise mashō to moshi mashite sassoku midzu wo ire mashita tokoro ga naruhodo go shiki wo arawashi mashite sono hikari kotōni akiraka de gozai masu yōhakushi wa kore wo mi mashita hanahada odoroki mashite ikura hodoni o kai nasaru ka to toi mashita tokoro ga ni sen riō ni kai mashō to mōshi mashita yohakushi koto no hoka yorokobi mashite sassoku ni sen riō de uri mashite sono atai wo totte kara yoku yoku omōte mi masuru ni.

XII

Kwansho ga moto takara to iu koto wo shiradzu ni ano chawan wo watakushi ni kurete watashi wa fui ni tabun no kane wa dekita keredomo dōmo hitori de kore wo toru hadzu ga nai kara futatsu ni wakete hitotsu dake kwanshō ni yari mashō to omoi mashite sassoku niōbō ko ni sono wake wo hanashi mashita tokoro ga niōbō ko ga mata kore wo isamete iu ni wa ano chawan wa kwansho ga kanega dekita yuye ni sono rei ni anata ni kureta mono da kara tatoye man man riō no neuchi ga atte mo tada kochi no saiwai nomi de sappari kwanshō ni adzukatta mono de wa gozari masen moshi kane wo yari taku omoi nasareba wadzuka shi go ju riō dake ataye nasare do shite futatsu ni wakete hitotsu wo okuri nasaru koto ga arō ya kanaradzu mu yo da to isame mashita yōhakushi ga waratte mōshi masu ni wa watakushi ga seujitsu ju riō kane wo kaesō to iuta toki mo sochira ga yakamashu itta keredomo kochi ga shōjiki de kaeshitareba koso kwanshō ga chawan wo kurete ima mohaya ni sen riō no kane ga dekita ja nai ka sō sureba futatsu ni wakete sen riō wo are ni yatte sen riō wo uchi ni okeba nakanaka saiwai na koto ja nai ka sochira ga yoku ni mega kurete makoto no kokoro ga nai nani mo ka mo kochi ni makase yo kochi ga jibun de itte kwansho wo sasōte kaette koko de kane wo yarō to mōshi mashite todo mata kwansho no kata e iki mashita tokoro ga kwanshō ga oki ni yorokobi mashite mōshi masu ni wa watakushi wa kono setsu wa tosei ni oware mashite hima ga gozari masedzu sore yuye go busata wo itashite i masu tokoro ga konnichi kaette o mimai ni adzukari mashite arigatō zonji masu madzu yuruyuruto o hanashi kudasai to moshi mashite sake wo kai mashite motenashi mashita tokoro ga yohakushi moshi masu ni wa senjitsu watakushi ni o kure nasatta chawan wo saru hito no nozomi de futo takaku uri mashita kara o rei wo mōshi mashō to omoi mashite agari mashita to mōshi mashita tokoro ga kwanshō ga kiite kokoro no uchi ni yorokobi mashite ah sono chawan wa furuku kegareta mono da kara yō ni tatsu mono to wa omoi masen desu ga tako ure mashita to wa ureshii koto de gozai masu kore wa mattaku anata no shōjiki no toku de ten kara o megumi nasatta no de gozai masu.

XIII

Moshi watakushi no uchi ni sutete oitara ichi mon ni mo nari masu mai mono wo to mōshi mashita tokoro ga soko e ju shi go bakari no musume ga cha wo motte de mashita yohakushi kono musume wo mi mashita tokoro ga naka naka kirio ga yoku fuzoku mo iyashi karadzu sadamete aruji no musume de arō to omoi mashite yosu wo toi mashitara naruhodo watakushi no musume de gozari masu ga senjitsu wa kimono mo miniku gozari mashita kara hito no maye wa dashi masen desu keredomo anata ga ju riō no kane wo kudasare mashita kara sassoku kimono wo koshiraete kisemashite ima kono yō ni anata no maye ni mo de masuru no de gozai masu toshizakari de uchi ni yashinatte oki masu ga binbō na watakushi ga naugi ni nari masu kara kono goro kikitatete hōkō ni yarō to omoi mashite kokoroyasui hito wo tanonde oki mashita no de gozai masu to mōshita tokoro ga yohakushi ga kore wo kiki mashite kokoro no uchi de omoi masu ni wa kono yō na utsukushii onna wa metta ni seken ni wa nai watakushi wa kore wo moratte yome ni shite kwanshō fufu wo nagaku kaihō sureba tagai no tame ga yoroshikarō mata kono sen riō no kane de wa sho dōgu wo totonoe mashō ima kono kane wo kwanshō ni watashita tokoro ga wadzuka no aida ni tsukatte shimao ni wa chigai wa nai sōsureba yoyo musume wo moratte waga ko ni meawasu ga dai ichi yokarō to omoi mashite sassoku kwanshō ni mukatte yu ni wa kono musume wo kōko ni dashi nasaru to wa ikani mo fubinni zonji masu sore yuye sassoku nagara kono musume wo yome ni itashitō gozai masu kara watakushi ni o kure nasare sōsureba shinrui no yen wo musunde tagai ni kaihō itashi mashite nangi wo sukutari fusoku wo tasuketari itashite o tagai ni iye wo okoshi mashō anatano oboshimeshi ga dō de gozai masu ka to toi mashita tokoro ga kwanshō ga kotaete mōshi masu niwa watakushi no musume wo anata ni age masu koto wa nani yori mo saiwai de gozai masu keredomo binbō na watakushi yuye shōdogu wo kai masu tedate mo gozai masen senjitsu okuri mashita ju riō no kane mo mohaya hanbun amari mo tsukai mashita yuye kono koto bakari wa go men komuritō gozai masu to kotowari mashita yohakushi mōshi masu ni wa kore wo shinpai shi nasaru na senjitsu chawan wo utta kane de nani mo ka mo kai mashō kara zehitomo musume wo o kure nasai to nozomi mashita tokoro ga kwanshō ga okini yorokobi mashita sayō na koto naraba dō shite mo iya to wa moshi masen to mōshi mashite todo shōchi itashi mashita yohakushi ga mōshi masu ni wa saiwai konnichi wa yoroshiu gozai masu kara watakushi wa jiki ni musume wo tsurete kaeri mashō to mōshi mashita tokoro ga tō mo kaku mo o kokoro makase ni itashi mashō to mōshi mashite.

XIV

Musume ga shozoku wo atsumete mina yohakushi ni yari mashita tokoro ga yohakushi wa musume wo tsurete uchi e kaeri mashita niōbō ko ga kore wo mi mashite sono musume wo doko kara tsurete kaeri nasatta ka utagawashii koto da to toi mashita tokoro ga yohakushi mōshi masu niwa kore ga tori naosadzu uchi no yome da kara sochira mo kore wo yorokobe yo to mōshi mashita tokoro ga niōbō koga bikkuri shite mōshi masu ni wa yome da to iyeba naosara utagai wa hare masen madzu engumi no koto wa nakadachi wo motte yakusoku wo sadamete sore kara kon rei wo itasu no wa kore wa seken no hō desu ga sore ni nakodo mo motomedzu sassoku uchi e tsurete dō shite yome ni shi nasaru ka dare no ko ka shiri masen keredomo hayaku tsurete kaeri nasare to fuki yōna kao wo itashi masu mo sono hadzu de gozai masu yohakushi ga mata mōshi masu ni wa kore wa ano kwansho no musume desu ga kirio mo fusoku ga nai kare ano hito ni yaro to omotta sen rio no kane de shō dogu wo kai totonoe konrei wo suru ga yoi madzu jibun no yōna mono no yome ni sen riō no dogu ka sen rio no kane wo motte kuru mono wa totemo yoni wa aromai sochira iranu koto wo iu yori yoku yoku kangaete kochi ga riōken ni shitagae yo to mōshita tokoro ga niōbō ko mo naruhodo to mōshi mashite sassoku shitaku wo totonoete konrei wo itashi mashite sorekara kwanshō fufu wo makotoni yoku kaihō shi mashita tokoro ga ryōke mina saiwai wo e mashite dandan hanjō shi mashita to iu koto ga gozai masu makotoni yohakushi ga shōjiki de nakattara totemo kayō na koto wa aru mai to mōshi mashite kiku hito ga kore wo kanshin itashi mashita.

XV

Si vous venez demain dans l'après-midi, je vous accompagnerai à la boutique du papetier.

Oui, mais je ne connais pas du tout le papetier.

Comme c'est un homme très abordable, venez sans aucune crainte.

Avez-vous affaire à cette papeterie?

Non, je n'ai pas d'affaire ; c'est uniquement pour vous accompagner et vous montrer différentes sortes de papier.

Vous êtes vraiment bon, merci ; puisque je reviens demain, nous irons demain après-midi !

Mes parents sont morts il y a quatre ou cinq ans.

Si tu veux bien pratiquer la piété filiale, fais la volonté de tes parents.

Quand je n'ai pas affaire, je ne sors pas ; à quel usage sert cet instrument ?

Ce doit être un instrument pour creuser la terre.

On ne peut pas l'acheter dans cette ville, mais il y en a à Yokohama.

Allez-vous à Tokio maintenant ?

Je vais à Tokio maintenant.

Comme j'y suis allé hier, je n'y vais pas aujourd'hui.

Irez-vous demain ?

Je n'irai pas demain.

Quand irez-vous à Tokio ?

J'irai demain.

Je ne sais pas si j'irai demain.

Si vous venez avec moi j'irai demain.

Si personne ne vient avec moi je n'irai pas demain.

S'il pleut je n'irai pas.

S'il ne pleut pas j'irai.

Que pensez-vous du temps qu'il fera demain ?

Il ne pleuvra pas.

Il pleuvra demain.

Si je vous accompagne venez-vous à la montagne ?

Quand même vous m'accompagneriez, je n'irais pas à la montagne aujourd'hui.

Je songeais à aller vous voir, mais la pluie m'a empêché de sortir.

Comme je pensais sortir pour aller vous voir, la pluie est arrivée.

J'ai l'intention de partir demain.

Quand les préparatifs seront faits je partirai.

Même par la pluie je partirai.

S'il eût plu ce matin seriez-vous parti ?

S'il eût plu je ne serais pas parti.

Comme ce n'est pas une affaire pressante, vous n'auriez pas dû partir par la pluie.

Vous auriez dû partir par n'importe quel temps.

Quelqu'un doit venir aujourd'hui : quand il viendra introduisez-le ici.

S'il venait quelqu'un, dis que je n'y suis pas.

Si on te demande où je suis allé, dis que tu n'en sais rien.

Si on demande quand je reviendrai, dis que ce sera demain soir.

Y a-t-il longtemps que vous avez quitté votre pays ?

Depuis combien de temps êtes vous au Japon ?

Comptez-vous y rester encore longtemps ?

Je pense y rester encore dix ans.

XVI

C'était par une nuit de lune. Kotarō revenait avec son père à la maison, quand il entendit dans le ciel des cris : ga ! ga ! ga !

Regardant au ciel, il vit une quantité d'oiseaux qui volaient bien alignés.

— Père, dit-il, quels sont ces oiseaux ? Comme ils volent bien en ligne !

— Ce sont des oies ; elles volent toujours ainsi.

— Quelle sorte d'oiseaux est-ce donc ?

— Elles ressemblent à nos canards domestiques : seulement ces derniers ne peuvent voler, tandis que les oies volent très haut ; et elles sont plus grosses ; leurs ailes sont très fortes et elles peuvent voler longtemps. Elles n'aiment pas les endroits très chauds ni très froids. Alors quand il fait frais ici comme à présent, elles viennent des endroits trop froids pour elles ; puis, quand il fait trop chaud ici, elles regagnent des endroits plus frais.

* * *

Je suis le Kadomatsu ; l'année dernière, le 31e jour du 12e mois, j'ai été planté devant la maison de Kotarō ; puis, comme le lendemain c'était le nouvel an, j'ai assisté aux félicitations du jour.

Devant moi, au premier jour de l'an, Kotarō a lancé un cerf-volant ; et O Ume a joué à la balle ; sa balle, ayant frappé une pierre, a glissé dans le ruisseau ; alors Kotarō voyant cela, a quitté son cerf-volant pour aller chercher la balle de sa sœur. Puis il a repris son cerf-volant ; mais la ficelle s'est cassée ; alors O Ume s'est empressé de la raccommoder.

Kotarō et O Ume sont frère et sœur et moi, le Kadomatsu de la nouvelle année, je me réjouis de les voir en aussi bonne amitié, et je leur porterai bonheur.

XVII

Un jour, Kotarō sortant de la ville avec son père, passa devant des champs de riz, et des gens étaient occupés à le couper.

— Père, ces gens coupent le riz, pourquoi faire ?

— Pour, ensuite, prendre les grains que nous mangerons.

— Comment prend-on les grains ?

— Il faut, pour cela, beaucoup de travail.

D'abord quand on a coupé le riz on le fait sécher au soleil ; puis on fait tomber les épis avec un instrument appelé *kinekoki*, puis on les décortique avec l'instrument appelé *suriusu* ; l'enveloppe tombe et on obtient le grain de riz ; comme il y a beaucoup de poussière, on se sert du vase pour le nettoyer ; et ainsi le grain étant bien blanc, on peut le manger.

*
* *

Le charbon de terre n'est que du bois très ancien enfoui depuis des siècles. Sa couleur est noire ; il s'allume facilement et donne beaucoup de chaleur. On s'en sert pour les chemins de fer, les bateaux à vapeur, les diverses machines. La fumée noire que l'on voit sortir des grandes cheminées c'est la fumée du charbon de terre.

Au Japon il y a beaucoup de charbon de terre et on le vend aux pays étrangers. Il y a aussi du pétrole dans beaucoup de provinces ; mais il n'y en a pas autan' 'e charbon ; aussi on en fait venir de l'étrang' 'les États-Unis d'Amérique.

XVIII

Le frère aîné de Kotarō apprend le commerce chez un marchand de drap. Or, ces temps derniers, son patron lui a accordé un mois de congé et il est revenu à la maison. Kotarō, très content, lui demanda une foule de choses, et son frère répondit gentiment une à une à ses questions.

— Frère aîné, qu'est-ce que c'est que le commerce ?

— C'est l'achat et la vente des marchandises de toutes sortes.

— Alors le marchand de drap où est mon frère aîné, c'est aussi une maison où on fait le commerce ?

— Oui ; le marchand de drap, le marchand de riz, le marchand de pétrole, le marchand de bois, tous sont des gens qui font le commerce.

— Le marchand de drap et le marchand de riz tissent-ils le drap et plantent-ils le riz eux-mêmes ?

— Non, ils achètent chez le marchand en gros et ensuite revendent au détail. Le marchand en gros est celui qui achète toute ou presque toute la production d'une ou plusieurs fabriques et qui vend aux petits marchands.

— Ah ! j'ai compris. Est-ce qu'on gagne de l'argent ?

— Quand on n'est pas honnête, les gens ne viennent pas acheter, alors on ne gagne pas ; mais si on est honnête, les acheteurs viennent et on peut gagner.

XIX

— Je suis heureux qu'il fasse une aussi belle journée.

— Oui, il fait un temps réellement délicieux.

— On dirait que le vent a passé au nord-est.

— C'est un vent très violent.

— Croyez-vous qu'il pleuvra ?

— Je n'en sais rien, les nuages sont bien épais, mais si nous avons la pluie, je crois qu'elle ne sera pas longue.

— Il fait un temps bien désagréable depuis quelques jours.

— Quand croyez-vous que le temps s'éclaircira ?

— Il a commencé à pleuvoir le 2 du mois dernier.

— Je suis réellement fatigué d'entendre le bruit de la pluie chaque jour ; la route est extrêmement sale et il est très difficile d'y marcher.

— Oui, toutes les routes sont affreuses et la rue principale est inondée.

— Votre maison est assez neuve pour éviter tous les désagréments de cette pluie, mais la mienne est horriblement percée partout. La nuit dernière la pluie a commencé à percer au-dessus de mon lit et j'ai dû enlever ma moustiquaire et mettre mes *fouton* ailleurs, mais cela a fait entrer beaucoup de moustiques.

— Ah ! cela est en effet bien désagréable ; mais il en est à peu près ainsi partout avec une pluie aussi persistante. Bien que ma toiture ne soit pas si vieille, la pluie semble avoir filtré quelque part et les poutres de ma chambre sont toutes mouillées.

— Lorsqu'il pleut tout semble devenir humide et on éprouve une sensation très désagréable.

— Ce matin j'ai visité mes livres ; il y en avait quelques-uns de moisis.

— Quand finira la saison des pluies?

— Elle ne durera plus longtemps ; les pluies cesseront sans doute dans cinq ou six jours.

— Préférez-vous le froid à la pluie?

— Je ne me plains pas du froid, mais quand la neige tombe les routes sont bien sales.

— Il est tombé l'année dernière une grande quantité de neige pour Tokio.

Certainement il n'en tombe point une aussi forte quantité tous les ans à Tokio, mais encore ce n'est rien pour la province d'où je viens. Il y en a quelquefois une épaisseur de dix pieds.

— Vous êtes, je crois, de Takata dans l'Echigo. Naturellement là-bas il y a beaucoup de neige, de même qu'à Obanagawa dans l'Uzen.

XX

— Je suis heureux de faire votre connaissance : je me nomme Kurokawa Motojiro : j'espère avoir longtemps votre amitié.

— Je me nomme Saitô Akiyoshi : j'ai beaucoup entendu parler de vous, je suis charmé de vous rencontrer aujourd'hui ; je vous prie de m'accorder votre amitié.

— Je suis heureux de vous voir; entrez donc, excusez-moi, mais ma maison est bien vilaine.

— Je serai très heureux d'entrer.

— Il n'est guère poli de vous offrir une telle bagatelle, mais je viens de le recevoir de mon pays.

— C'est magnifique, merci ; je suis réellement confus de votre générosité.

— C'est une chose de bien peu de valeur, mais permettez-moi de vous l'offrir.

— C'est superbe et je suis bien fâché de vous en priver.

— Je vais partir pour Osaka dans quelques jours ; j'espère que vous serez assez bon pour venir de temps en temps voir ma famille pendant mon absence.

— Quand donc comptez-vous partir ?

— Je pense que ce sera vers le 2 ou le 3 du mois prochain.

— Quand reviendrez-vous ?

— J'ai l'intention de revenir quand mes affaires seront terminées, mais certaines circonstances peuvent m'empêcher de rentrer avant le printemps.

— Je suis un peu pressé aujourd'hui, je prendrai donc congé de vous.

— Ne voulez-vous pas attendre un peu plus ? Je vous ai bien mal reçu aujourd'hui, j'espère que cela ne vous empêchera pas de revenir me voir bientôt.

— L'autre jour, lorsque vous êtes venu chez moi je vous ai si mal reçu que je ne saurais assez m'excuser.

Du tout, je me suis beaucoup-amusé ; vous m'avez trop bien reçu ; je n'oserai plus venir vous voir ; je vous suis bien reconnaissant pour votre visite d'aujourd'hui.

— Je vous prie de m'excuser d'avoir été aussi impoli.

— Nullement, c'est moi qui ai été impoli. Où êtes-vous allé lorsque nous nous sommes séparés ?

— Je suis allé chez votre frère, mais il n'était pas chez lui.

TROISIÈME PARTIE

I

Idiotismes et locutions fréquemment en usage.

Asakarazu kataji kenai.	Je vous suis infiniment obligé.
Ashi moto ni ki wo tsukeru.	Regarder à ses pieds. Faire attention où l'on va.
Ashi moto wo miru.	Voir la pointe du pied. (Profiter de ce qu'une personne se trouve dans une situation sans issue pour en tirer avantage. — Voir la faute d'un autre et en tirer profit.)
Ta nin wo kiyōdai no yō ni ashirau.	Traiter un étranger comme un frère.
Hito no ki ni ataru.	Offenser quelqu'un.
Mi ni atete omoi yaru.	Faire comme pour soi.
Hito wo ayashimu.	Suspecter quelqu'un.
Hanashi wo kiki ayedzu deta.	Il est parti sans écouter ce qu'on voulait lui dire.

Kitsune onna no katachi ni bakete hito wo bakasu.	Le renard trompe les gens en prenant la forme d'une femme.
Ame ga bara bara to furu.	La pluie tombe en brouillard ; il bruine.
Watakushi no kanau beki koto de wa nai.	Ce n'est pas une chose dont j'aie à me mêler.
Fumi chigai.	Faire un faux pas.
Chichu naku.	Sans délai.
Oki ni go chi sō nari mashita.	Je suis enchanté de votre bonne réception.
Sake wa hyaku yaku no chō.	Le vin est la meilleure des médecines.
Dō da ka obotsukanai.	Je suis incertain du succès.
Dō ka o tanomi moshi masu.	Je vous en prie.
Domo shihō ga nai, ou bien : *Sikata ga nai.*	Vraiment il n'y a rien à faire. (Même sens que ci-dessus.)
Ikou wo fukumu.	Haïr.
Kimi no ikari ni fureru.	Encourir la colère du prince.
Ji kō ni fureru.	Être atteint par le climat.
Kuchi wo fusagu.	Fermer la bouche.
Te ga fusagu.	Être surchargé de travail.
Kodomo rashii.	Comme un enfant ; enfantin.
Jodan gamashii.	Malin, « blagueur ».
Ganshoku kayete hara ga tatsu.	Changer de couleur et se fâcher.
Gaten ga yakadzu koto.	Chose incompréhensible.
Ichi gi ni mo oyobadzu.	Sans faire une seule objection.
Gō ga niiru, ou bien : *waku.*	Bouillir de colère.
Shōbu ga yokaku da.	La victoire est indécise.

Go koku.	Les cinq céréales : blé, riz, millet, haricot, sarazin.
Nani wo gudotsuite irou.	Qu'avez-vous à tergiverser ?
Ware gotoku mono no oyobu tokoro de wa nai.	C'est une chose à laquelle un homme comme moi ne peut pas prétendre.
Shigoto wo gurasu.	Manquer à ses engagements pour un travail entrepris.
Habakari nagara.	Permettez-moi de. Excusez-moi de. (Expression polie employée avant d'adresser la parole à quelqu'un.)
Osore iri masu ga.	(Même sens que ci-dessus.)
Inochi no arau kagiri tatakau.	Combattre jusqu'au dernier souffle.
Me wo hadakeru.	Ouvrir de grands yeux.
Kuchi wo hadakete.	Bouche bée.
Michi ni hadzureru.	S'écarter du droit chemin.
Tsure ni hagurete hitori de kita.	Ayant perdu mes compagnons, je suis venu tout seul.
Shigoto wo tai sō hakadori mashita.	Vous avez fait un travail considérable.
Hoshi no kadzu wa hakari de shirarenai.	On ne peut pas compter les étoiles.
Haga kikanu hito.	Un homme sans influence.
Hana ga takai hito.	Une personne hautaine.
Ousō banasi.	Un conte (dans le sens d'histoire pas vraie).
Otoshi banashi.	Une calembredaine, un calembour.
Hara no nai.	Pusillanime.

Hara ga au.	Être de la même opinion.
Hara no oki hito.	Un homme magnanime.
Buma wo hataraku.	Faire une bêtise.
Ze to hi wo wakaranu mono.	Quelqu'un ne sachant pas distinguer le bien du mal.
Mi no uye ni hiki ukeru.	Prendre la responsabilité de.
Hima wo dasu.	Renvoyer.
Hima wo morau.	Recevoir son congé.
Itomagoi ni deru.	Prendre congé.
Ho gwai na koto.	Chose extraordinaire.
Iroka ni mayou.	Être fasciné par la beauté des femmes.
Mukashi kara ima ni itaru made.	Depuis l'antiquité jusqu'à nos jours.
Kokoro wo kudaku.	Être anxieux.
Kokoro ni kakaru.	(Même sens.)
Kokoro ni makasaru.	Laisser faire quelqu'un à sa fantaisie.
Koto ni yoru.	Selon les circonstances.
O kotowari mōshi masu.	Je décline.
Kokoro wo koroshite goku mon wo suru.	Concentrer son esprit sur l'étude (mot à mot : ayant tué son cœur faire de l'étude).
Ma wo ushinau.	Manquer l'occasion.
Ma ga kakeru.	Ne pas répondre au but.
Ame ga mabara ni furu.	La pluie tombe à grosses gouttes (mot à mot : à gouttes séparées).
Dōro darake.	Plein de boue.
Chi darake.	Tout sanglant.
Midzu darake.	Trempé jusqu'aux os.
Hai mabure.	Couvert de cendres.

Majime no kao de usō wo iu. Dire un mensonge sans broncher.

Kurashini sashi tsukai wa nai hito. Un débrouillard (mot à mot : qui n'a pas d'empêchement à la vie).

Sewa wo yaku. Se mettre en quatre pour rendre service.

Deki shi dai. Dès que ce sera prêt.

Kokoro shi dai. Selon son bon plaisir.

Katte shi dai. Selon sa convenance.

Isshō gai. La vie entière.

Makura wo sobadateru. Soulever la tête sur l'oreiller (pour écouter).

Ki ga soroi. Caractère égal.

Ki ga soro kadzu. Caractère hésitant.

Hito no te hon ni naru. Être un exemple pour les autres.

Sekkaku o ide no tokoro rusu nite o kino doku. Je suis bien fâché d'avoir été absent lorsque vous êtes venu.

Kuni wo shitau. Avoir le mal du pays.

Ato wo sitaite yuku. Partir le cœur plein de regrets pour ce qu'on laisse derrière soi.

Toki wo hadzusu. Manquer l'occasion.

Toki wo matsu. Attendre l'occasion.

Toki ni shitagau. Se plier aux circonstances.

Tempō sen. Faible d'esprit.

(Le *Tempo* est une pièce de monnaie de la valeur de 8 *rin* ; or il faut 10 *rin* pour faire un *sen* ; le *Tempō* est donc incomplet. C'est pour cela que, d'un homme faible d'esprit, on dit *Tempō sen*).

Teki no yō su wo ukagau.	Reconnaître la position de l'ennemi.
Ui no oku yama.	Les montagnes inaccessibles de l'égoïsme (mot à mot : *Oku* veut dire la partie profonde, retirée, le fond). (La phrase signifie : le monde d'ici-bas, qualifié ainsi par les Bouddhistes.)
Ame ga futtari yondari.	La pluie tombe et cesse tour à tour.
Ame ga yokogite furu.	La pluie tombe obliquement.
Yoku no fukai hito.	Un avare.
Hito no kokoroni tagau.	Différer d'opinion avec quelqu'un.
Tada no hito.	Personne commune.
Tada mono ni arazu.	Personne peu commune.
Hito ni aku wo susumu.	Inciter quelqu'un au mal.
Inochi wo suteru.	Faire bon marché de sa vie.
Domo gaten ga mairi masenu.	Vraiment il est impossible de comprendre.
Meshi wo mairu.	Prendre quelque nourriture.
Waratte son wo shita yona kawo wo shite oru.	Faire un long visage ; rire jaune.
O rei ni wa itami iri masu.	Je ne suis pas digne de de vos remerciements (mot à mot : vos remerciements me font de la peine).
Namaiki na hito.	Personne affectée ; poseur.
Kusuri ga kika nakatta.	La médecine n'a pas fait d'effet.

Shikarubeki hito.	L'homme qui convient.
Mame na hito.	Personne en bonne santé ; robuste.
Kono mama ni.	De cette façon.
Yo no akeru wo machi wa biru.	Soupirer après le lever du jour.
Madaki ni iu.	Parler de quelque chose encore éloigné.
Tsura no kawa no atsui yatsu.	Un impudent (mot à mot : qui a la peau du visage épaisse).
Se ni hara wa kayeranu.	On ne peut pas mettre son ventre à la place de son dos.
Kimari ga nai.	Incertain ; qui n'est pas fixé.
Nai de wa nai.	Ce n'est pas qu'il n'y en ait pas ; Il peut y en avoir.
Nai koto mo ari masenu.	(Même sens que dessus.)
Gaman no saga.	Tempérament obstiné.
Hiru sagari. Gō gō.	Après midi.
Sabaketa hito.	Personne sagace.
Yawaraka na kokoro.	Cœur tendre ; aimable ; doux.
O rusu desu.	Il n'y a personne à la maison.
Kage de kiku.	Écouter en secret.
Kage nagara inoru.	Prier en secret.
Hitogara no yoi hito.	Une personne d'un beau physique.
Hitome wo hajiru.	Être honteux devant les autres.
Uchi ga natsukashii.	Avoir le mal du pays.
O natsukashiu gozai mashita.	Nous avons bien souvent pensé à vous.

Shibaraku (hisashiku) de gozai masu.	Il y a longtemps que nous ne nous sommes vus. (Locution employée chaque fois que l'on rencontre une personne que l'on n'a pas vue depuis quelque temps.)
Hajimete o me ni kakari masu.	C'est la première fois que je vous rencontre. (Locution employée à l'égard d'une personne à qui on est présenté pour la première fois. Généralement on dit « Hajimété » tout simplement, le reste de la phrase étant sous-entendu).
Tsumara nai koto.	Chose insignifiante ; ridicule.
Sono tsuideni.	Par la même occasion.
Mai dō itta tōri.	Comme j'ai toujours dit.
Kanete yori iu tōri.	(Même sens que dessus.)
Maye ni mo itta tōri.	Comme j'ai dit dans une occasion précédente.
Ari tei ni iu.	Dire la vérité.
Bakarashi mono iu.	Dire des bêtises.
Ike masenu to sa.	On dit que ce n'est pas possible.
Sore wa fusetsu bakari desu.	Ce n'est qu'une rumeur.
Kasuka ni miyemasu.	On ne peut voir qu'indistinctement.
Shiranai kawo shite oru.	Faire semblant de ne pas savoir.
Go shōchi no tōri.	Comme vous savez.
Mi nikui.	Difficile à voir. (*Ni kui* peut ainsi se construire avec tous les verbes : *kiki nikui*, difficile à enten-

	dre ; *yomi nikui*, difficile à lire, etc.).
Naruhodo.	Vraiment ! (Expression employée fréquemment dans la conversation pour faire connaître à son interlocuteur qu'on le suit bien.)
Worai, worai.	Place ! place ! circulez !
Mappira go men nasai.	Je vous demande bien pardon.
Kore abunai ki wo tsuke.	Ah ! attention ! prenez garde.
Mōshi, mōshi.	Dites donc...
Ukeau.	Répondre de ; cautionner.
Ukenin.	Répondant.
Gosōmatsu sama de gozai masu.	Je vous ai bien mal reçu.
Saiō desu ka ; sō desu ka.	Vraiment !
Sata wo suru.	Prévenir ; faire savoir.
Go bu sata itashi mashita.	Je vous ai bien négligé.
Asai no mono de ii.	N'importe quoi fera mon affaire.
Shikaru tokoro.	Mais, cependant.
Kayette.	Au contraire.
Oi oi.	De plus en plus ; par degré.
To hō mo nai.	Extravagant ; dépassant la raison.
To hō wo ushinau.	Perdre sa présence d'esprit.
Tohō ni kureta.	Être dans le doute ; être dans l'embarras.
Go konsei wa tabi tabi, uketamanari mashita.	J'ai souvent entendu parler de votre bienveillance.
Doka o kokoro yasui.	Considérez-moi comme votre ami.

Ma go yururito.	Prenez votre temps.
Dōmo o medzurashii.	Vraiment vous devenez rare.
O dai ji ni nasai.	Prenez bien soin de vous.
Ai niku o rusu de shita.	Malheureusement vous étiez absent.
Ma o kamai naku dōka.	Je vous en prie, ne vous donnez pas tant de peine.
Mata sono uchi ni o me ni kakari mashō.	Je reviendrai vous voir dans quelque temps. (Dans la conversation courante, on se contente de dire *mata sono uchi ni*, le reste de la phrase étant sous-entendu.)

II

Locutions proverbiales.

Wasa sureba kage ga sasu.	Quand on parle de quelqu'un on aperçoit son ombre. (Quand on parle du loup on en voit la queue.)
Tori naki salo no komuri.	Quand il n'y a pas d'oiseaux, la chauve-souris est la première du village. (Au royaume des aveugles les borgnes sont rois.)
Dorobō wo mite nawa wo yoru.	Tresser la corde quand on voit le voleur.
Kōri yō no kuhi.	Repentir de requin. (Larmes de crocodile.)
Katsu ni nozonde ido wo horu.	Creuser un puits quand la soif est venue.
Midzu wa utsuwamono ni shitagau.	L'eau prend la forme du vase.
Ten wo oide tsubakisu.	Cracher en l'air.
Kabe ni mimi ari.	Les murs ont des oreilles.
Ikken katachi ni ni hoyuru hiakken kore ni shitago.	Si un chien aboie cent cent autres l'imitent.

Gō ni itte gō ni shitagaye.	Conformez-vous aux usages des pays où vous allez. (Il faut hurler avec les loups.)
Shu ni majiwareba akaku naru.	Si vous touchez au rouge, vous devenez rouge. (Dis moi qui tu hantes, je te dirai qui tu es.)
Chu gen mimi ni sakō.	La vérité offense les oreilles.
Nagai wa osore ari.	Ne soyez pas lents. (Il faut battre le fer tant qu'il est chaud.)
Tsurube nawa igeta wo tatsu.	La corde coupe la cage du puits. (La goutte d'eau creuse la pierre.)
(Chiri wo motte. Chiri tsumotte yama to naru.	La poussière accumulée fait une montagne. (Les petits ruisseaux font les grandes rivières.
Rō ba michi wo bensu.	Un vieux cheval connaît sa route. (On n'apprend pas à un vieux singe à faire la grimace)
Nagare ni saka noboru.	Opposez-vous au courant, l'eau se soulève. (Ne résistez jamais directement.)
Kitsune tora no i wo karu.	Le renard prend la forme du tigre. (Le geai se pare des plumes du paon.)
Takigi wo idaïte hi wo suku.	Apporter du bois pour éteindre un incendie. (Jeter de l'huile sur le feu.)

Ushi ni tai shite koto wo hiku.	Jouer du koto devant un bœuf. (*Margaritam ante porcos.*)
Ha moto arawaru.	Montrer le bout de l'oreille.
Tanagokoro wo sasuga gotoshi.	Montrer sur le bout du doigt.
Kotoji ni nikawa shite gin wo shiraburu.	Jouer du kin après avoir collé les chevalets. (Faire les choses inconsidérément.)
Haku hiō wo fumu.	Marcher sur la glace mince.
Ne wo fukaku hoso wo kataku.	Quand la base est profonde, le haut est solide.
Usagi wo yete wana wo wasuru.	Oublier le nœud coulant après avoir pris un lièvre.
Asu ari to omō wo kokoro no adazakura yoru wa arashi no fukanu koto kawa (poésie).	On se promet d'aller voir les cerisiers demain ; oui, si, dans la nuit, la tempête n'a pas soufflé. (Il ne faut jamais remettre au lendemain ce que l'on peut faire le jour même.)
Kon nichi manabazu shite rai jitsu ari to iu nakare kon nen manabazu shite rai nen wa ari to iu nakare.	Ne dis pas, en paressant aujourd'hui que tu travailleras demain ; ne dis pas que tu travailleras l'année prochaine tout en ne faisant rien cette année.
Hsu bō no arasoi giō fu no nori.	Nos querelles profitent toujours à autrui.

Ishi wo idaite fuchi ni shidzumu.	Se jeter à l'eau la pierre au cou.
Ikusa wo mite ya wo tsukuru.	Fabriquer des armes quand on voit venir la guerre.
Nan ni nozonde hei wo iru.	Prendre les armes en voyant la difficulté.
Ji no uchi no kawadzu dai kai shirazu.	Une grenouille dans un puits ignore l'étendue de la mer.
Hashiru mma ni muchi.	Quand le cheval est rapide donnez-lui encore la cravache. (Profitez de l'occasion pour arriver rapidement.)
Nin gen ban ji sai ō ga mma.	Toutes les affaires du monde sont comme le cheval de Saiō.
	(Un sage de Chine, Saiō, avait un cheval qui, un beau jour, lui fut enlevé. Comme ses amis le plaignaient : « Le malheur n'est pas toujours le malheur », répondit-il. En effet, quelques temps après, son cheval lui revint, amenant avec lui un autre cheval fort beau. Félicitations de la part des amis : « Le bonheur n'est pas toujours le bonheur », dit le philosophe. Et de fait, son fils, trouvant le cheval si beau et si fort, le monte, tombe et se casse les jambes. Ce fut alors une grande désolation de la part des

	amis et connaissances : « Le malheur n'est pas toujours le malheur », se contenta de répondre le philosophe, et la fracture de jambes de son fils empêcha en effet ce dernier de prendre part à une guerre civile qui éclata quelque temps après.)
Sen jō no tsutsumi gi ketsu yori kuzuru.	Une grande digue peut être détruite par un trou de fourmi.
Yu dan dai teki.	L'imprudence est un grand adversaire.
Seki u fune wo sizumu.	Un amas de plumes finit par faire tomber un bateau.
Tō dai moto kurashii.	Le pied du phare est obscur. (On ignore souvent ce qui vous touche de près.)
Chi yen tsuki wo toru.	Un singe qui prend la lune. (Vouloir faire l'impossible.)
Ichi mon shiru no hyaku shirazu.	Regarder à un « mon » (pièce de monnaie) et ne pas regarder à cent. (Dépenser inutilement beaucoup et ne pas oser dépenser un peu utilement.)
Hana yori dango.	Préférer les dangos (gâteaux) aux fleurs.
Heta no naga dangi.	Les sots parlent toujours beaucoup.

Jigoku no satamo kane shidai.	L'enfer s'achète avec de l'argent.
Rui wo motte atsumaru.	Les choses s'assemblent d'après leur genre. (Qui se ressemble s'assemble.)
Oni no nyō bō ni kijin.	La femme du diable est la diablesse.
Son sureba toku suru.	Après la perte le bénéfice.
Neko ni koban.	Des monnaies d'or devant un chat. (*Margaritam ante porcos.*)
Nora kura mono no sekku bataraki.	Les paresseux travaillent aux jours de fête.
Raku wa areba ku ari.	S'il y a un bonheur d'un côté, de l'autre il y a une une peine. (Il n'y a pas de roses sans épines.)
Mma no mimi ni kaze.	Du vent sur les oreilles d'un cheval. (Siffler dans un violon.)
Atama wo kaku shite shiri wo kakusazu.	Cacher sa tête sans cacher son derrière.
Saru mo ki kara utsuru.	Les singes même tombent d'un arbre.
Ko wo motte oya no on wo shire.	Ce n'est qu'en ayant des enfants qu'on connaît les bienfaits de ses parents.
Kayeru no tsuraye midzu.	De l'eau sur la tête d'une grenouille. (Un cataplasme sur une jambe de bois.)
Kuchi wa wazawai no moto.	La bouche est l'origine de tous les malheurs.

Bōzu niku kerin kesa made nikui. — Quand on déteste les prêtres, on déteste jusqu'à leur vêtement.

Kurushii toki ni kami danomi. — Ce n'est que dans la peine qu'on prie les dieux.

Nana korobi ya oki. — Si vous tombez sept fois relevez-vous huit. (Ne désespérez jamais.)

Rio yaku kuchi ni nigashi. — Les bonnes médecines sont amères.

Makanu tane ga hayenu. — Qui ne sème pas ne récolte pas.

Ron yori shō kō. — Mieux vaut la preuve que la discussion.

Kusatte mo tai. — Bien que pourri le tai est toujours le tai. (Un grand homme dans la misère est toujours un grand grand homme.)

(Le *tai* est une espèce de dorade fort renommée au Japon.)

Ete ni hō wo ageru. — Mettre à la voile par un un vent favorable. (Saisir l'occasion aux cheveux.)

Ayamatte aratamaru ni habakaru koto nakare. — Quand vous vous êtes trompé ne rougissez pas de rectifier.

Dai kai wa chiri wo yerabazu. — L'océan ne craint pas la poussière.

Sen ri no michi mo ippō yori hajimu. — C'est en faisant un pas que l'on commence une journée de mille lieues.

Utsukushiki onna ni kori yo tōgarashi.	Prenez garde à la jolie femme elle ressemble au piment rouge.
Iro wa shi an no hoka.	L'amour est loin de la réflexion.
Shichi shaku satte shi no kage wo fumazu.	L'élève doit marcher à sept pieds de son maître de peur de marcher sur l'ombre de ce dernier.
Shōta ko ni oshiyeraruru.	Apprendre son chemin d'un enfant qu'on porte sur son dos.
Yo no naka no hito wa shirane do toga areba waga mi wo semuru waga kokoro kana.	Si l'on commet une faute, même inconnue des autres, on est néanmoins tourmenté par sa conscience.
Hin kei no ashita suru wa kore iye no kudzururu nari.	Le chant de la poule est le signe de la ruine d'une famille.
Kane wo ubau mono wa korosare kuni wo ubau mono wa ō to naru.	Celui qui prend de l'argent est puni de mort ; celui qui prend un pays devient roi.
Yama takaki ga yuye ni tatto karazu ki aru wo motte tattō shi tosu.	Ce n'est pas parce qu'elles sont hautes que les montagnes sont renommées, c'est parce qu'elles ont des arbres.
Hito koye taru ga yuye ni tattō karazu chi aru wo motte tattō shi to su.	Ce n'est pas parce qu'il est gras qu'un homme est noble, mais parce qu'il a de l'intelligence.
Yoku ni soko naki.	Le désir n'a pas de limites.

Warau kado ni fuku kitaru.	Le bonheur vient chez celui qui est gai.
Nana tabi tadzunete hito wo utagaye.	Interrogez sept fois avant de soupçonner.
Tabi wa michidzure yo wa nasake.	Pour la route on a besoin d'un compagnon, pour la vie on a besoin de la bienveillance.
Ishi ga surete maruku naru.	En frottant la pierre elle devient ronde.
Tade kŭ mushi mo suki zuki.	Quand les insectes mangent le poivre d'eau (sorte de polygonum), c'est qu'ils l'aiment.
Yome ga shō to nasu.	La jeune mariée devient vite belle-mère. (Le temps marche vite.)
Chi wo motte chi wo arō.	Le sang ne peut produire que du sang.
Shōjiki no kobe ni kami ya doru.	Les dieux habitent le toit des gens honnêtes.
Hito no fuki wo netamu koto nakare.	Gardez-vous d'envier les richesses des autres.
Chichi no ada ni wa tomo ni ten wo itadakadzu.	Tu ne vivras pas sous le même ciel que le meurtrier de ton père.
Niwatori no kuchi to naru tomo ushi no shiri to naru na.	Il vaut mieux être le bec d'un coq que la cuisse d'un bœuf. (Le premier au village que le second à Rome.)

4106. — Tours, imprimerie E. ARRAULT et Cie.

www.ingramcontent.com/pod-product-compliance
Ingram Content Group UK Ltd.
Pitfield, Milton Keynes, MK11 3LW, UK
UKHW012038240726
13965UKWH00003B/883

9 782013 055581